W0466632

Post Merger Integration

Lizenz zum Wissen.

Sichern Sie sich umfassendes Wirtschaftswissen mit Sofortzugriff auf tausende Fachbücher und Fachzeitschriften aus den Bereichen: Management, Finance & Controlling, Business IT, Marketing, Public Relations, Vertrieb und Banking.

Exklusiv für Leser von Springer-Fachbüchern: Testen Sie Springer für Professionals 30 Tage unverbindlich. Nutzen Sie dazu im Bestellverlauf Ihren persönlichen Aktionscode **C0005407** auf *www.springerprofessional.de/buchkunden/*

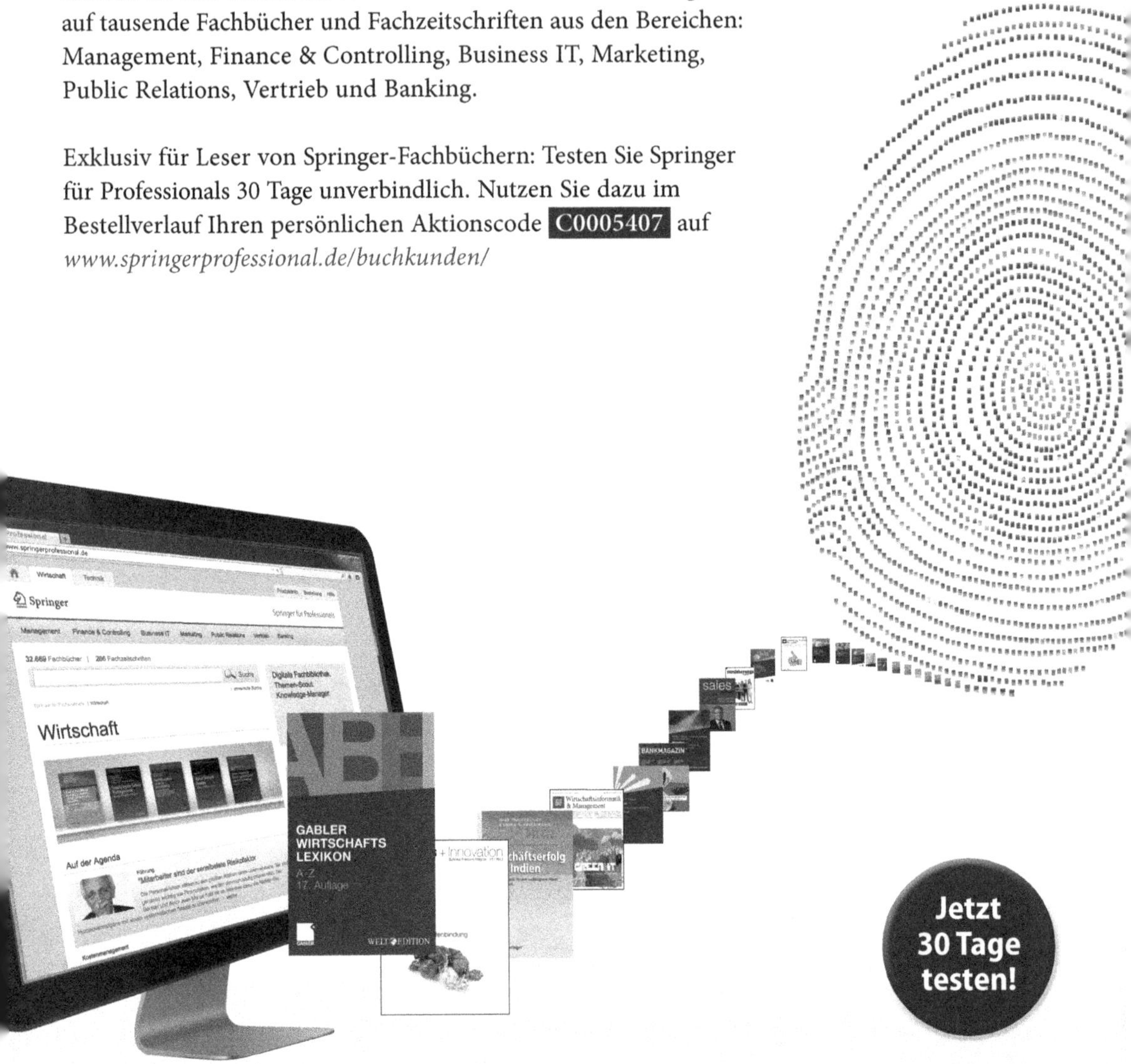

Springer für Professionals.
Digitale Fachbibliothek. Themen-Scout. Knowledge-Manager.

- Zugriff auf tausende von Fachbüchern und Fachzeitschriften
- Selektion, Komprimierung und Verknüpfung relevanter Themen durch Fachredaktionen
- Tools zur persönlichen Wissensorganisation und Vernetzung

www.entschieden-intelligenter.de

Springer für Professionals

Springer

Johannes Gerds • Gerhard Schewe

Post Merger Integration

Unternehmenserfolg durch Integration Excellence

5., überarbeitete und erweiterte Auflage

Springer Gabler

Johannes Gerds
InnoCorp. GmbH
Düsseldorf, Deutschland

Gerhard Schewe
Centrum für Management (CfM)
Universität Münster
Münster, Deutschland

ISBN 978-3-642-36702-1
Springer Heidelberg Dordrecht London New York

Die Deutsche Nationalbibliothek verzeichnet diese Publikation in der Deutschen Nationalbibliografie; detaillierte bibliografische Daten sind im Internet über http://dnb.d-nb.de abrufbar.

Springer Gabler
© Springer-Verlag Berlin Heidelberg 2004, 2006, 2009, 2011, 2014
Das Werk einschließlich aller seiner Teile ist urheberrechtlich geschützt. Jede Verwertung, die nicht ausdrücklich vom Urheberrechtsgesetz zugelassen ist, bedarf der vorherigen Zustimmung des Verlags. Das gilt insbesondere für Vervielfältigungen, Bearbeitungen, Übersetzungen, Mikroverfilmungen und die Einspeicherung und Verarbeitung in elektronischen Systemen.

Die Wiedergabe von Gebrauchsnamen, Handelsnamen, Warenbezeichnungen usw. in diesem Werk berechtigt auch ohne besondere Kennzeichnung nicht zu der Annahme, dass solche Namen im Sinne der Warenzeichen- und Markenschutz-Gesetzgebung als frei zu betrachten wären und daher von jedermann benutzt werden dürften.

Lektorat: Anna Pietras

Gedruckt auf säurefreiem und chlorfrei gebleichtem Papier

Springer Gabler ist eine Marke von Springer DE. Springer DE ist Teil der Fachverlagsgruppe Springer Science+Business Media.
www.springer-gabler.de

Vorwort zur 5. Auflage

Vor zehn Jahren erschien die erste Auflage des vorliegenden Buches. Seitdem haben wird das Buch laufend ergänzt und aktualisiert. Mit der Erstauflage haben wir den Grundstein für eine statistisch fundierte Auseinandersetzung mit dem Thema Post Merger Integration gelegt. Auch nach zehn Jahren bleibt das vorliegende Buch eines der wenigen Publikationen, die sich empirisch mit Firmenintegrationen auseinandersetzen. Es freut uns sehr, dass sich seit der Erstauflage das vorliegende Buch zu einem Standardwerk für Post Merger Integration im deutschsprachigen Raum entwickelt hat.

Die WirtschaftsWoche schrieb seinerzeit: *„ein Buch, was durch hohen Nutzwert überzeugt"*. Diesem Anspruch haben wir versucht über zahlreiche Ergänzungen in den vergangenen Jahren immer wieder aufs Neue gerecht zu werden. Bereits nach einem Jahr erschien die zweite, überarbeitete Auflage. Obwohl unser Buch bereits von Beginn an durch zahlreiche Fallbeispiele illustriert worden ist, haben wir durch Aufnahme von Praktiker-Interviews seit der dritten Auflage die Praxisnähe des Buches weiter erhöht. Seit der vierten Auflage haben wir unser Konzept der Integration Excellence um die Betrachtung von Post-Merger-Risiken in Richtung Merger Due Diligence ergänzt. Die vorliegende nunmehr fünfte Auflage haben wir erneut für zahlreiche Ergänzungen genutzt. Dabei haben wir einerseits weitere Fallbeispiele in das Buch aufgenommen. Anderseits haben wir die fünfte Auflage auch zum Anlass genommen, um die Struktur des Buches grundlegend zu überarbeiten, um den Entwicklungen der letzten Jahre im M&A-Praxisalltag noch stärker gerecht zu werden.

In den letzten zehn Jahren ist Post Merger Integration zu einem festen Themenfeld von M&A-Abteilungen in zahlreichen Unternehmen geworden. Anders als noch immer in vielen Publikationen dargestellt liegt der Startpunkt für Post Merger Integration bei den meisten Unternehmen zeitlich weit vor dem Closing in der Due-Diligence-Phase. Um dieser Entwicklung Rechnung zu tragen, haben wir in der fünften Auflage die Umsetzung der Post Merger Integration nach dem Closing konzeptionell mit der Due Diligence verbunden. Dadurch liefert die aktuelle Auflage nicht nur Anhaltspunkte dafür, wo die Integrationsrisiken im Rahmen der Merger Due Diligence zu suchen sind (Teil II), sondern auch Best Practices für die Adressierung der identifizierten Risiken bei der Umsetzung der Post Merger Integration nach dem Closing (Teil III).

Unser Konzept der Integration Excellence wird mit der fünften Auflage zur Messlatte sowohl für die Umsetzung der Post Merger Integration nach der Vertragsunterzeichnung als auch für die Durchführung der Due-Diligence-Prüfungen vor dem Closing.

Düsseldorf und Münster
Sommer 2014

Dr. Johannes Gerds
Univ.-Prof. Dr. Gerhard Schewe

Inhaltsverzeichnis

Abbildungsverzeichnis

Teil I:

Post-Merger-Binsenweisheiten – Auf welche Rezepte Sie nicht hören sollten

Es ist gerade einmal ein Jahrzehnt vergangen, seitdem das Thema der Post Merger Integration wie folgt adressiert wurde:

„Willkommen im Klub, Rolf Breuer. Nice to join us, Mister Jürgen Schrempp. Hereinspaziert, Bernd Fahrholz. Willkommen in der Leidensgemeinschaft der Manager, die ihr Unternehmen durch eine Fusion oder eine Übernahme stärken wollten – und damit schlechte Erfahrungen gemacht haben. Ein kleiner Trost für die Chefs von Deutscher Bank, DaimlerChrysler und Dresdner Bank: Sie sind in bester Gesellschaft. Zwei von drei Fusionen erfüllen die in sie gesetzten Erwartungen nicht – oder scheitern sogar. Was nicht heißen soll, dass es deshalb weniger Unternehmen versuchen."

(Quelle: www.manager-magazin.de/unternehmen/artikel/0,2828,128513,00.html; Aufruf vom 20.05.2003)

Die Vielzahl der Integrationen, die in dieser Zeit gescheitert bzw. erfolgreich bewältigt wurden, zeigen eins: Immer wieder wird bei der Post Merger Integration gerne vielfach propagierten Patentrezepten gefolgt. Bloß leider stellen sich viele von denen im Nachhinein als falsch heraus. Entsprechend soll im folgenden Kapitel gezeigt werden, welchen Patentrezepten man besser nicht folgt.

1 Fusionen und Akquisitionen – Ist die Herausforderung einfach zu groß?

Zunehmende Volatilität im M&A-Markt vergrößert die Herausforderungen weiter

Schaut man sich die Zahlen abgeschlossener M&A Deals in letzter Zeit an, so ist unstrittig, dass die globale Finanz- und Wirtschaftskrise des Jahres 2009 auch hier ihre Spuren hinterlassen hat. Die Zahl der Deals ist massiv zurückgegangen. Aber Vorsicht vor falschen Schlussfolgerungen: Dies besagt nicht, dass M&A kein Thema mehr für das Management wäre, denn Ausgangspunkt des Rückgangs war ein absoluter Hype in den Jahren 2007 und 2008. Und die ersten Nachrichten aus den Vorständen deuten bereits darauf hin, dass das M&A-Karussell wieder an Fahrt aufnimmt. Unternehmenskäufe und Firmenzusammenschlüsse sind auch in Deutschland wieder in aller Munde. Und: die Erwartungen sind wieder genauso groß wie die Herausforderungen.

Allerdings belegen zahlreiche Untersuchungen unabhängig voneinander, dass rund die Hälfte aller M&A-Transaktionen scheitert. Ist die M&A-Herausforderung für Firmenlenker also einfach zu groß? Haben Manager trotz der fast 100 Jahre alten Fusions- und Akquisitionsgeschichte nichts dazugelernt? Sollten Manager also besser die Finger von M&As lassen und die weiteren Entwicklungen lieber aus der Distanz betrachten? Darauf kann es nur eine Antwort geben: Nein!

Schließlich gibt es genügend Top-Performer-Unternehmen, die mit schöner Regelmäßigkeit und immer wieder aufs Neue zeigen, wie sich durch Integration Excellence Unternehmenserfolg gestalten lässt. Hinzu kommt, dass das Management immer weniger Subjekt der Entscheidung über Kauf und Verkauf ist. Nicht erst seit der leidigen Heuschrecken-Diskussion sind es vor allem auch Finanzinvestoren, die unter dem

Schlagwort Buy-and-Build auf der Jagd nach Renditen ganze Branchen durch Unternehmenskauf und Firmenintegration zu konsolidieren suchen. Das Top-Management in den betroffenen Branchen kann sich dieser Entwicklung, selbst wenn es wollte, nur sehr bedingt entgegenstellen.

Weiterhin gilt, dass statistisch gesehen jeder Top-Manager – egal ob er will oder nicht – mindestens einmal in seinem Berufsleben vor der Herausforderung eines M&A steht. Die Fähigkeit, Firmen zu kaufen und erfolgreich zu integrieren, steht daher nicht nur für den unternehmerischen, sondern auch für den ganz persönlichen beruflichen Erfolg von Führungskräften.

Die Erfolgsaussichten von Managern sind schlechter als bei Russisch Roulette

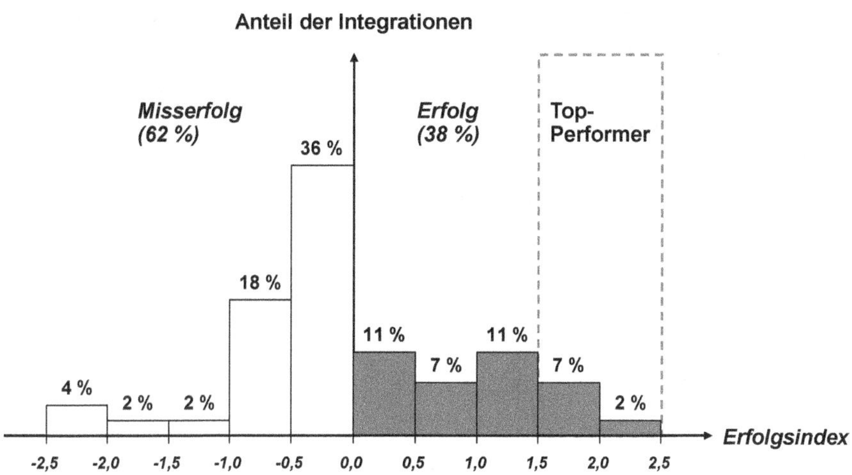

Abb. 1: Top-Performer im Vergleich zum Durchschnitt

Ungeachtet der hohen Bedeutung von Fusionen und Akquisitionen scheitert die Mehrzahl der verantwortlichen Manager nach wie vor an der Post Merger Integration. Die Ergebnisse sind ernüchternd: In 62 Prozent der Fälle kann das Management die mit der Unternehmenszusammenführung angestrebten Ziele nur teilweise oder gar nicht realisieren. Nur in 38 Prozent der Fälle kann das Management die an sie gestellten Erwartungen auch tatsächlich erfüllen. Im Durchschnittsfall sind die Erfolgsaussichten von Managern bei Post Merger Integration damit schlechter als die Chancen, eine Partie Russisch Roulette unbeschadet zu überstehen. Die Wahrscheinlichkeit des Auslösens eines tödlichen Schusses beträgt nämlich bei einem klassischen, sechs schussigen Revolver 1 zu 6. Also 17 Prozent bei Russisch Roulette im Vergleich zu 62 Prozent bei Post Merger Integration.

Diese beunruhigende Betrachtung gilt allerdings nur für Durchschnittsunternehmen. Denn, ungeachtet der im Durchschnitt sehr hohen Misserfolgsquote von Integrationen schaffen es Spitzenunternehmen regelmäßig dennoch, die mit der Akquisition bzw. Fusion gesteckten Ziele nicht nur zu erreichen, sondern sogar zu übertreffen. Diese Unternehmen sind PMI-Top-Performer, gewissermaßen Weltmeister ihrer Klasse. Unternehmen also, die das Integrationsmanagement virtuos beherrschen und deshalb den Durchschnitt um Längen schlagen. Im Gegensatz zu Durchschnittsunternehmen können Top-Performer aufgrund überlegenen Integrationsmanagements Fusionen und Akquisitionen als wirksames Instrument zum Aufbau von Wettbewerbsvorteilen einsetzen. Integration Excellence, also systematisches und konsequentes Integrationsmanagement, ist damit eine schlagkräftige Waffe im Kampf um Wettbewerbsvorteile und Shareholder Value.

2 Erfolgsrezepte im Integrationsalltag

Viele vermeintliche Post-Merger-Erfolgsrezepte sind wissenschaftlich nicht fundiert

Wirtschaftspresse, akademische Veröffentlichungen und Handbücher quellen seit Jahren über vor scheinbaren Erfolgsrezepten für die richtige Post Merger Integration.[1] Allerdings jüngere Erfolgsrezepte sind Fehlanzeige.

Jedes dieser vermeintlichen Erfolgsrezepte erscheint bereits auf den ersten Blick plausibel und nachvollziehbar. Und es ist genau diese Plausibilität, die im Falle eines Scheiterns auch eine elegante Möglichkeit der Erklärung bzw. Entschuldigung bietet. Nicht zuletzt aus diesem Grund erfreuen sich diese Post-Merger-Erfolgsrezepte größter Beliebtheit in Managementkreisen.

Doch aller Plausibilität zum Trotz: keines dieser Erfolgsrezepte ist bisher wissenschaftlich und in Zahlen untermauert worden. Die Handlungsempfehlungen sind vielfach generalisierte Einzelfallbetrachtungen; nicht mehr und nicht weniger.

---

[1] Vgl. hierzu bereits früh die Veröffentlichungen von Viscio/Harbison/Asin/Vitaro (1999), Post Merger Integration – What makes mergers work?, in: Strategy & Business, S. 33; Penzel (2000), Klare Strategie und Zielausrichtung – Erfolgsfaktoren für das Post Merger-Management in Banken, in: zeitschrift führung + organisation, S. 26; Schwenker/Moje (2000), Post Merger Integration, Hamburg, S. 22; Habeck/Kröger/Träm (2002), Wi(e)der das Fusionsfieber – Die sieben Schlüsselfaktoren erfolgreicher Fusionen, 2. Auflage, Wiesbaden, S. 27 ff. oder Grube/Töpfer (2002), Post Merger Integration – Erfolgsfaktoren für das Zusammenwachsen von Unternehmen, Stuttgart, S. 55 ff.

Ein Großteil deutscher Führungskräfte hat kein klares Bild von den wirklichen Erfolgsfaktoren

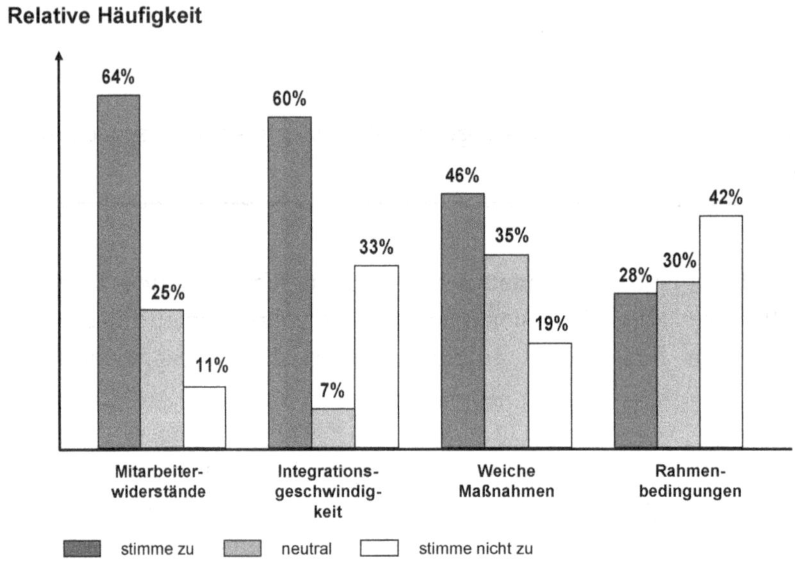

Abb. 2: Zustimmung deutscher Führungskräfte[2]

Wir wollten es genauer wissen und haben Führungskräfte deutscher Unternehmen nach ihren persönlichen Erfolgsrezepten für Post-Merger-Integrationen befragt (siehe Abb. 2).

- **PMI-Erfolgsrezept: Mitarbeiterwiderstände**
  „Mitarbeiterwiderstände bilden die größte Integrationsbarriere!"
  In einem Punkt scheinen sich die befragten Führungskräfte weitestgehend einig. 64 Prozent der befragten Manager stimmen der Aussage

---

[2] Befragt wurden Führungskräfte bei 107 Unternehmen, die im DAX30, MDAX oder TecDAX gelistet sind. Die befragten Führungskräfte waren entweder in Bereichen angesiedelt, die im weitesten Sinne dem Bereich Unternehmensentwicklung zuzurechnen waren oder konnten direkt dem Top-Management zugerechnet werden.

zu, dass Mitarbeiterwiderstände die größte Integrationsbarriere bei Fusionen darstellen. Nur 11 Prozent der befragten Manager sind gegenteiliger Meinung.

- **PMI-Erfolgsrezept: Intrgrationsgeschwindigkeit**
  „Je schneller, desto besser!"
  Bereits bei der Integrationsgeschwindigkeit sind sich die befragten Manager uneinig. Während 60 Prozent der Führungskräfte davon ausgehen, ein rasches Vorgehen erhöhe die Erfolgsaussichten einer Integration, glauben 33 Prozent fest an das Gegenteil. In den Augen jedes dritten Managers mindert eine hohe Integrationsgeschwindigkeit also die Aussichten auf Erfolg.

- **PMI-Erfolgsrezept: Weiche Maßnahmen**
  „Weiche Maßnahmen sind wichtiger als harte!"
  Auch die Bedeutung sogenannter weicher Faktoren, wie z. B. die Anpassung von Unternehmenskulturen und Mitarbeiterverhalten, wird von den Führungskräften sehr unterschiedlich bewertet. 46 Prozent der befragten Manager sind der Meinung, weiche Faktoren seien für eine erfolgreiche Integration wichtiger als harte. Vom Gegenteil sind allerdings 19 Prozent der Führungskräfte überzeugt.

- **PMI-Erfolgsrezept: Rahmenbedingungen**
  „Rahmenbedingungen entscheiden über Erfolg und Misserfolg!"
  Sehr unterschiedliche Meinungen existieren auch bei der Erfolgseinschätzung situativer Faktoren, wie z. B. relative Unternehmensgröße oder aber geographische Herkunft von Unternehmen. Während 42 Prozent der Befragten nicht an die Bedeutung situativer Faktoren glauben, unterstellen immerhin 28 Prozent der Führungskräfte, situative Rahmengrößen entschieden über Erfolg bzw. Misserfolg von Integrationen.

Die aufrüttelnde Erkenntnis aus den Ergebnissen unserer Befragung: Deutsche Führungskräfte haben nur sehr vage Vorstellungen davon, welche Faktoren für den Erfolg von Post-Merger-Integrationen wirklich entscheidend sind.

Top-Management und operatives Management verfolgen unterschiedliche Erfolgsrezepte

Unsere Befragung belegt weiter, dass Top-Management und operatives Management deutlich unterschiedliche Erfolgsrezepte in Sachen Post Merger Integration verfolgen. So ist insbesondere die Einschätzung der PMI-Erfolgsrezepte *Mitarbeiter* und *Geschwindigkeit* durch Top- und Middle-Management sehr verschieden. 85 Prozent der Top-Manager sind der Ansicht, Mitarbeiter stellten die größte Integrationsbarriere dar; auf Ebene der Bereichs- und Abteilungsleiter sind es lediglich 55 Prozent. 70 Prozent der Top-Manager favorisieren einen schnellen Integrationsprozess; im Middle-Management sind es nur 52 Prozent.

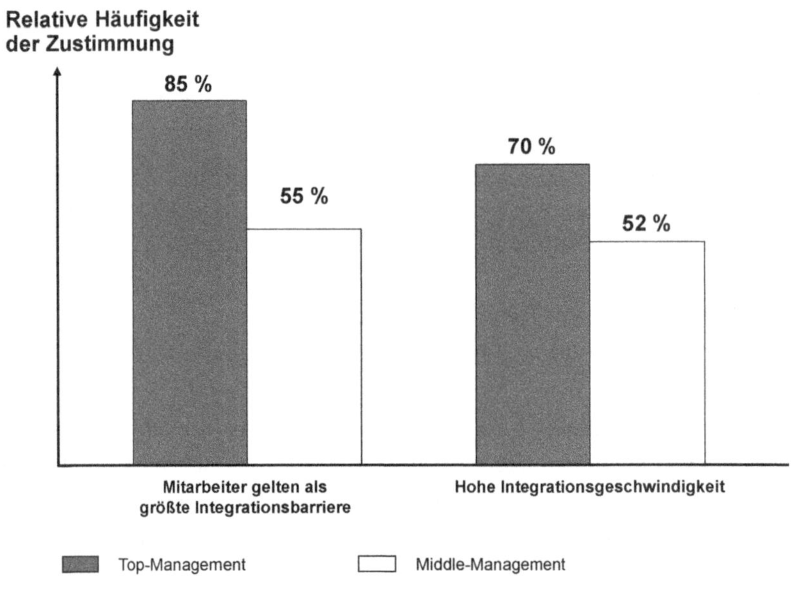

Abb. 3: PMI-Binsenweisheiten – Unterschiedliche Einschätzungen bei Top- und Middle-Management

Auf eine einfache Formel gebracht, lautet das Mantra des Top-Managements: Der Integrationsprozess ist möglichst schnell und wenn nötig auch gegen Mitarbeiterwiderstände durchzusetzen. Führungskräften der zweiten und dritten Ebene hingegen präferieren eine moderate Integrationsgeschwindigkeit und eine Vorgehensweise, bei der die Mitarbeiter abgeholt werden. Aufgrund dieser unterschiedlichen Vorstellungen sind Konflikte zwischen den Management-Ebenen bei der Umsetzung der Post-Merger-Integrationen vorprogrammiert.

Design der Studie

Basis für die Entlarvung von Post-Merger-Binsenweisheiten war die Auswertung einer der größten PMI-Datenbanken weltweit. Diese Datenbank umfasst mittlerweile mehr als 50.000 Datenpunkte von Integrationen aus allen wichtigen Branchen weltweit. Da diese Datenbank eine repräsentative Stichprobe umfasst und ständig um neue Integrationsfälle erweitert wird besitzen die Ergebnisse unserer Untersuchung eine sehr hohe Aussagekraft. Hier einige Merkmale unserer PMI-Datenbank:

Branchenzugehörigkeit:
48 Prozent Dienstleistungssektor
52 Prozent produzierendes Gewerbe

Unternehmensgröße:
43 Prozent Großunternehmen
57 Prozent Mittelständische Unternehmen

Geographische Herkunft:
61 Prozent Europa
28 Prozent Amerika
11 Prozent Asien

Analysiert wurde der Einfluss von mehr als 300 Faktoren, die in Literatur und Praxis für den Integrationserfolg oder -misserfolg verantwortlich gemacht werden. Zur Untersuchung der Erfolgsmechanik wurden die Faktoren in fünf Gruppen unterteilt:

1. Integrationskontext: Situative Einflussfaktoren, die den Rahmen der Integration bilden
2. Integrationsziele: Synergieziele, die mit der Integration verfolgt werden
3. Integrationsgestaltung: Maßnahmen, die das Management zur Gestaltung des Integrationsprozesses ergreift
4. Integrationsbarrieren: Widerstände, die die Integration behindern können
5. Integrationsgeschwindigkeit: Geschwindigkeit, mit der die Integration nach vorne getrieben wird

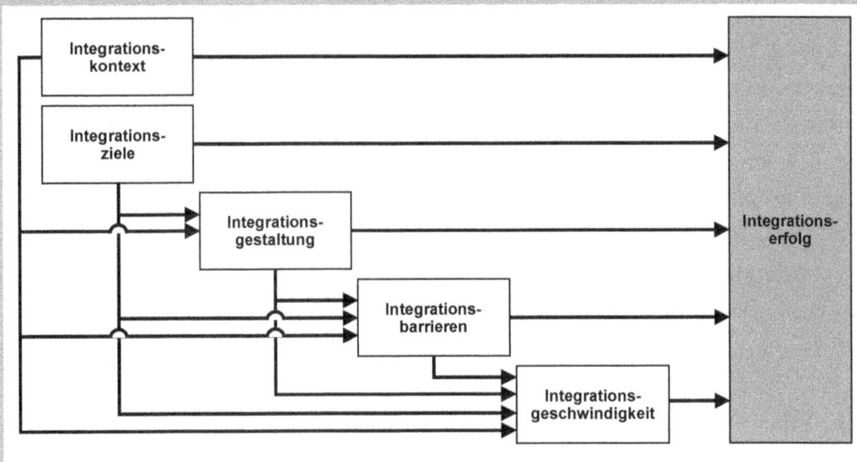

Die Berechnung der Erfolgsbeziehungen wurde mit Hilfe einer Pfadanalyse vorgenommen. Diese Methode erlaubt – im Gegensatz zu sonst üblichen Analysen von Korrelationen und Häufigkeiten – nicht nur die Quantifizierung der Einflussstärke der Erfolgsfaktoren, sondern darüber hinaus auch einen differenzierten Vergleich von direkten und indirekten Erfolgseinflüssen.

3 Rahmenbedingungen

Hinter Schlagworten wie *Cross-border Merger, Merger-of-Equals* oder aber *Corporate Merger* steht implizit die Annahme, dass situative Rahmenbedingungen, Einfluss auf die Erfolgswahrscheinlichkeit von Post-Merger-Integrationen besitzen. Vertreter dieser Sichtweise gehen z. B. davon aus, dass die Integration von Unternehmen mit unterschiedlicher geographischer Herkunft (*Cross-border Merger*) aufgrund kultureller und sprachlicher Unterschiede schwieriger ist und deshalb insbesondere im Vergleich zu rein nationalen Mergern geringe Erfolgswahrscheinlichkeit besitzt. Vielfach findet sich auch die Ansicht, dass Merger, die innerhalb eines Konzernverbundes stattfinden (*Corporate Merger*), einfacher zu realisieren sind, als die Zusammenführung zweier unverbundener Unternehmen. Vertreter dieser Perspektive argumentieren, dass der Aufwand bei der Integration von Tochterunternehmen infolge einer ähnlichen Prägung durch die gemeinsame Mutterorganisation geringer ist; etwa aufgrund ähnlicher Reportingsysteme oder aber einer ähnlichen Unternehmenskultur.

Ein anderer Klassiker unterstellt in vergleichbarer Plausibilitätslogik, dass die Integration ähnlich großer Unternehmen (*Merger-of-Equals*) das Management aufgrund der vermeintlich größeren Komplexität vor besondere Schwierigkeiten stellt. Insbesondere sei dieser Mergertyp aufgrund der fehlenden natürlichen Dominanz eines der Partner der Gefahr ausgiebigen politischen Tauziehens ausgeliefert. Demzufolge seien die Erfolgsaussichten von Merger-of-Equals gering.

Es ist offensichtlich, dass das Integrationsmanagement situative Rahmenbedingungen wie kulturelle Unterschiede oder aber die relative Größe der Unternehmen berücksichtigen muss. Fraglich ist jedoch, wie stark der Erfolgseinfluss situativer Rahmenbedingungen tatsächlich ist. Können also situative Rahmenbedingungen wirklich für den Erfolg bzw. Misserfolg einer Integration verantwortlich gemacht werden?

Cross-border Merger sind nicht per se riskanter

Unsere Analysen widersprechen der landläufigen Meinung, wonach länderübergreifende Merger per se geringere Erfolgsaussichten besitzen.

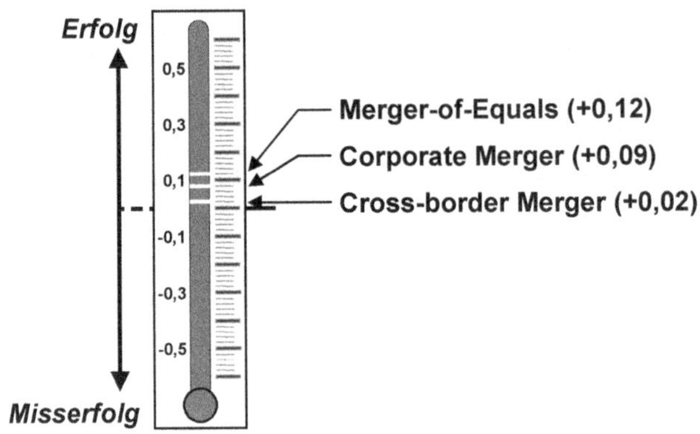

Abb. 4: Erfolgseinfluss der Rahmenbedingungen

Diese Ergebnisse dürfen aber nicht dahingehend interpretiert werden, dass Cross-border Merger gänzlich ohne Probleme abliefen. Vielfach werden durch eine emotionalisierte Öffentlichkeit zusätzliche Probleme in den Integrationsprozess hineingetragen. Insbesondere den Medien fällt hierbei eine Schlüsselrolle zu. Stichworte wie *Eroberungsverhalten* auf der einen oder *Wagenburgmentalität* auf der anderen Seite charakterisiert eine Stimmung, die eine Integration von der ökonomischen auf die politische Ebene verschiebt. Gelingt dies, erwachsen hieraus handfeste Probleme für den Cross-border Merger.

Corporate Merger sind nicht wesentlich einfacher

Unsere Befunde sind auch hinsichtlich des Zusammenschlusses von Tochterunternehmen eindeutig. Die Erfolgsaussichten von Corporate Merger sind nicht höher. Trotz der Zugehörigkeit zum gleichen Unternehmensverbund stellen Corporate Merger ähnlich hohe Anforderungen an das Integrationsmanagement. Der konditionierende Einfluss einer gemeinsamen Mutterorganisation erhöht die Erfolgschancen bei Firmenintegrationen nur sehr bedingt.

Nur weil z. B. die Mitarbeiter unter einer bereits existenten, mehr oder minder einheitlichen Konzernkultur agieren, oder aber einheitliche Instrumente des Konzerncontrolling eingesetzt werden, heißt noch lange nicht, dass ein Corporate Merger von selbst zum Erfolg wird. Gerade Konzerne mit rechtlich selbstständigen Tochtergesellschaften beziehen ihre Stärke vielfach aus dezentralen Kompetenzen der einzelnen Konzernmitglieder. Lediglich der strategische Rahmen wird von der Konzernholding vorgegeben, ansonsten dominieren dezentrale Handlungsspielräume und Bereichsautonomien, die das Integrationsmanagement vor ähnliche Aufgaben stellen wie die Integration von Firmen außerhalb eines Konzernverbundes.

Merger-of-Equals sind nicht riskanter

Anders als vielfach verlautbart: Merger-of-Equals sind per se nicht riskanter. Unsere Analysen belegen, dass der Zusammenschluss ähnlich großer Unternehmen eher sogar einen leichten Erfolgsvorsprung besitzt. Dieser leichte Erfolgsvorsprung lässt sich vor allem darauf zurückführen, dass der Erwerb eines Unternehmens ähnlicher Größe in der Regel mit einer sehr hohen Aufmerksamkeit von Management und Aufsichtsgremien einhergeht. Dies schlägt sich im Hinblick auf die Vorbereitung und Umsetzung der Integration dann unter anderem darin nieder, dass einem systematischen Vorgehen gefolgt und eine formelle Projektorganisation verankert wird. Der personellen Besetzung der Projektgremien wird bei einem Merger-of-Equals typischerweise ebenfalls auch eine hohe Aufmerksamkeit geschenkt. Die Teams werden zumeist paritätisch mit Vertretern aus beiden Unternehmen besetzt. Aufgrund der hohen Relevanz für beide Unternehmen werden Merger-of-Equals auch oftmals durch zusätzliche externe Ressourcen, wie etwa Unternehmensberater, unterstützt. Merger-of-Equals sind damit typischerweise personell besser ausgestattet und werden strukturierter angegangen als insbesondere die Integration kleinerer Unternehmen.

Der leichte Erfolgsvorsprung von Merger-of-Equals stellt sich allerdings nicht von alleine sondern nur dann ein, wenn das Management die Bedeutung der Integration für das Gesamtunternehmen erkennt und zusätzliche Personalressourcen bereitstellen kann. Insbesondere bei klein- und mittelständischen Unternehmen ist die Voraussetzung zusätzlicher Managementkapazitäten oftmals nicht gegeben. Demnach sind die Möglichkeiten klein- und mittelständischer Unternehmen für einen erfolgreichen Merger-of-Equals sehr begrenzt. Jedoch stehen im Zeitalter von *Lean Management* auch bei Großunternehmen oftmals unzureichende Ressourcen für die Durchführung eines Merger-of-Equals zur Verfügung. Ohne die benötigten zusätzlichen Ressourcen sind die Erfolgsaussichten von Merger-of-Equals nicht höher.

FAZIT: **Der Einfluss situativer Rahmenbedingungen auf den Integrationserfolg ist deutlich geringer als vielfach angenommen. Das Integrationsmanagement hält den Schlüssel zum Erfolg umfassend selbst in der Hand**

4 Integrationsgeschwindigkeit

Die Anhänger des Erfolgsrezepts *Je schneller, desto besser* gehen davon aus, dass eine hohe Geschwindigkeit einen positiven Erfolgsdruck auf die Post Merger Integration ausübt. Diese Auffassung wird verkürzt mit Aussagen wie *move as fast as possible* oder *time is the enemy of successful integration* wiedergegeben. Zu den möglichen Vorteilen einer hohen Integrationsgeschwindigkeit wird beispielsweise gezählt, dass sich Veränderungen unter Ausnutzung der Erwartungshaltung der Mitarbeiter bei einem raschen Vorgehen leichter durchsetzen lassen. Hierbei wird von der Existenz eines sogenannten *Window of Opportunity* ausgegangen, das sich vermeintlich nach kurzer Zeit wieder schließt. Ein weiteres Argument für eine hohe Integrationsgeschwindigkeit wird in der Verringerung von Unsicherheiten auf Seiten der Mitarbeiter gesehen, da bei hoher Geschwindigkeit die Zeitspanne der Unsicherheit für die Mitarbeiter geringer ist. Oftmals wird eine hohe Integrationsgeschwindigkeit auch deshalb gefordert, um das Wertsteigerungspotenzial der Akquisition für die Shareholder möglichst zügig zu realisieren. Ferner soll die Aufmerksamkeit der Mitarbeiter weg von unternehmensinternen Ereignissen, wie z. B. in Form von Machtkämpfen um die Neubesetzungen von Positionen, möglichst rasch wieder hin auf Marktanforderungen gerichtet werden. In diesem Sinne soll ein rasches Vorgehen ermöglichen, dass sich die Mitarbeiter so schnell wie möglich wieder auf die Anforderungen des Marktes und des operativen Tagesgeschäftes konzentrieren.

Integration unter Höchstgeschwindigkeit führt nicht zum Erfolg

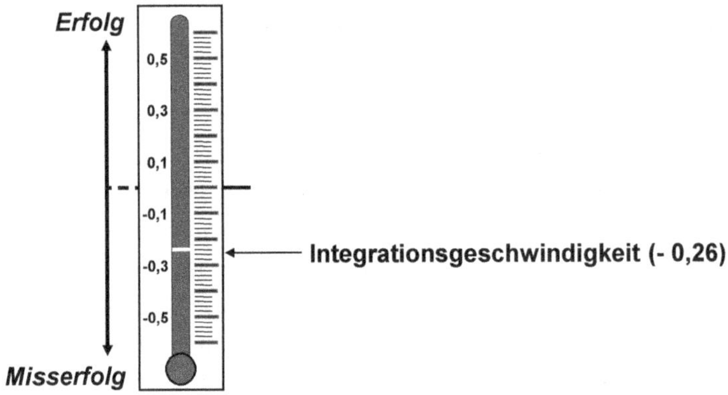

Abb. 5: Erfolgseinfluss der Integrationsgeschwindigkeit

Im Gegensatz zur landläufigen Meinung, wonach man den Integrationsprozess unter Höchstgeschwindigkeit fahren soll, belegen unsere Ergebnisse eindeutig, dass eine hohe Integrationsgeschwindigkeit die Erfolgsaussichten von Post-Merger-Integrationen nicht per se verbessert. Die Vorteile eines raschen Vorgehens können die Nachteile einer zu hohen Integrationsgeschwindigkeit nicht wettmachen.

Die dysfunktionalen Effekte einer überhöhten Integrationsgeschwindigkeit zeigen sich insbesondere in der Überforderung der Mitarbeiter. Unter der Annahme konstanter Ressourcenausstattung führt eine hohe Integrationsgeschwindigkeit zwangsläufig dazu, dass die Arbeitsbelastung und damit die Gefahr einer Überlastung der Mitarbeiter zunimmt. Eine hohe Geschwindigkeit verstärkt die Gefahr, dass notwendige Arbeitsschritte nur ansatzweise oder gar nicht durchgeführt werden können. Kann ein Unternehmen also eine hohe Integrationsgeschwindigkeit ressourcenseitig nicht unterstützen, steigt das Risiko von Fehlentscheidungen.

Dabei drängt sich der Vergleich mit physikalischen Gesetzen auf, denen zufolge der Energieverbrauch bei der Beschleunigung träger Massen überproportional mit der Geschwindigkeit steigt – und welche Führungskraft würde einer solchen Wortwahl im Zusammenhang mit Post Merger Integrationen widersprechen. Demnach ist eine sehr hohe Integrationsgeschwindigkeit nur dann möglich, wenn das Management überproportional Ressourcen für die Durchführung der Integration bereitstellen kann.

Ein anderes physikalisches Gesetz besagt, dass das Moment eines beschleunigten Systems mit zunehmender Geschwindigkeit größer wird. In anderen Worten werden mit zunehmender Geschwindigkeit Richtungsänderungen schwieriger und die Steuerungsmöglichkeit des Managements sinkt. Im Ergebnis verliert das Integrationsmanagement bei zu hoher Geschwindigkeit den Handlungsspielraum, um flexibel auf unvorhergesehene Ereignisse reagieren zu können. Doch dies ist eine Grundvoraussetzung für erfolgreiches Integrationsmanagement, denn kein Integrationsplan kann sämtliche Ereignisse voraussehen.

Bei der Wahl der richtigen Integrationsgeschwindigkeit darf der Blick des Managements allerdings nicht nur auf die eigene Organisation gerichtet sein. Es müssen auch die Konsequenzen für die Marktpartner beachtet werden. So muss die Post Merger Integration nicht nur Mitarbeitern sondern auch Kunden und Lieferanten verständlich gemacht werden. Vertrauensbezüge und Unternehmensbindung spielen dabei eine zentrale Rolle. Marktpartner präferieren Kontinuität wohl geordneter und etablierter Geschäftsbeziehungen. Schnelle Veränderungen verunsichern sie. Insofern führt eine extrem schnelle Integration, die keine Rücksicht auf etablierte Marktbindungen nimmt, auch hier zum Misserfolg. Geschäftspartner fühlen sich überrumpelt und kündigen möglicherweise die Beziehung zum Unternehmen auf.

FAZIT: Die Nachteile einer überhöhten Integrationsgeschwindigkeit überwiegen. Mitarbeiter werden überfordert und verunsichert, wesentliche Arbeitsschritte werden überhastet durchgeführt oder bleiben gänzlich liegen, die Beherrschbarkeit des Integrationsprozesses nimmt ab, Marktpartner werden verschreckt.

5 Mitarbeiterwiderstände

Spätestens seit Mitte der Achtzigerjahre weisen insbesondere Vertreter der Organisationspsychologie auf die Bedeutung der *Human Side of the Merger* hin. Schlagworte wie *Merger Syndrome* oder *Organizational Trauma* belegen in diesem Zusammenhang plakativ ein negatives, ablehnendes Mitarbeiterverhalten als Antwort auf Firmenzusammenführungen.

Implizit wird dabei unterstellt, dass Mitarbeiter einer der zentralen Stolpersteine der Integration sind. Man geht davon aus, dass sie die integrationsinduzierten Veränderungen rundweg ablehnen. Sie *wollen* die Integration nicht. Dies kann sogar so weit gehen, dass sie Integrationsanstrengungen boykottieren, ggf. sogar proaktiv sabotieren. Vertreter dieser Perspektive nennen unter anderem folgende Beispiele für negatives Mitarbeiterverhalten: abnehmendes Engagement, verringerte Identifikation der Mitarbeiter mit dem Unternehmen, erhöhte Abwanderungsbereitschaft und Fluktuation, verstärkte Durchführung von Aktivitäten zur Sicherstellung der eigenen Machtposition, abnehmende Bereitschaft zur Weitergabe von korrekten bzw. aktuellen Informationen.

Nicht-Können ist für den Integrationserfolg schädlicher als Nicht-Wollen

Unsere Studie belegt eindringlich, dass mangelndes Wollen die Erfolgsaussichten von Firmenintegrationen massiv verschlechtert. Allerdings belegen unsere Untersuchungen auch, dass Nicht-Können-Barrieren einen noch negativeren Erfolgseinfluss besitzen als Nicht-Wollen-Barrieren. Der negative Einfluss von Nicht-Können ist circa 60 Prozent höher als der von Nicht-Wollen. Selbst bei ausreichender Motivation der Führungsmannschaft können also fehlende Fähigkeiten auf Seiten der Mitarbeiter bzw.

administrative Hemmnisse die erfolgreiche Durchführung von Integrationen beeinträchtigen oder sogar ganz verhindern.

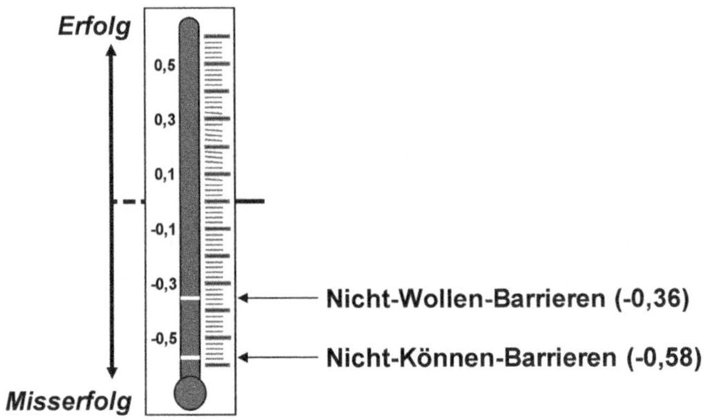

Abb. 6: Integrationsbarrieren und ihr Einfluss auf den Integrationserfolg

Unsere Untersuchungen belegen, dass bei jeder zweiten Integration erhebliche Nicht-Können-Barrieren aufgrund inkompatibler Management-Information-Systeme (MIS) bestehen. Hemmende Effekte der MIS können dabei sowohl informationsseitiger als auch systemseitiger Natur sein. Inhaltliche Unterschiede, wie z. B. unterschiedliche Verfahren der Kosten- und Erfolgsrechnung oder aber verschiedene Aggregationsebenen des Reportings, können die Vergleichbarkeit von integrationsrelevanten Informationen massiv einschränken. Darüber hinaus können in zahlreichen Fällen Informationen, die für die zielgerichtete Planung und Steuerung von Integrationen erforderlich sind, über die jeweiligen MIS nur ansatzweise, teilweise sogar gar nicht ermittelt werden, wodurch zusätzliche, händische Abfragen und zeitraubende, fehlerbehaftete Sonderauswertungen notwendig werden. Unterbleiben diese zusätzlichen Arbeitsschritte, so muss das Management die Integration gewissermaßen blind fliegen. Neben inhaltsbezogenen Merkmalen können Nicht-Können-Barrieren ebenfalls von technischen Merkmalen der EDV-Systeme ausgehen. Systemseitige Inkompatibilitäten in der Hardware, System- bzw. Anwendungssoftware sowie Datenbank- und Netzwerkarchitektur können die erfolgreiche Umsetzung von Post-Merger-Integrationen massiv behindern.

Demnach greift die Ansicht, Mitarbeiter stellten aufgrund fehlender Motivation die größte Integrationsbarriere dar, zu kurz. Entscheidend sind nämlich vor allem auch Barrieren, die aus mangelndem Können resultieren. Es kann folglich nur davor gewarnt werden, durch eine zu einseitige Fokussierung auf die Motivations-Barrieren, Fähigkeitsdefizite zu unterschätzen. Für eine erfolgreiche Post Merger Integration ist sowohl das erforderliche Wollen als auch das notwendige Können eine Grundvoraussetzung.

FAZIT: **Mangelnde Fähigkeiten sind die größten Integrationsbarrieren. Training und Schulung von Mitarbeitern ist eine Grundvoraussetzung für eine erfolgreiche Integration.**

6 Weiche Maßnahmen

Das vielfach verwendete Gegensatzpaar *harte Faktoren* und *weiche Faktoren* steht für zwei Typen von Maßnahmenbündeln des Integrationsmanagements. Diese Maßnahmenbündel orientieren sich entweder *an der Sache* oder *an den Personen*. Zu den harten Faktoren des Integrationsmanagements gehören dabei z. B. die folgenden Aktivitäten:

- Verzahnung der Führungssysteme und -strukturen
- Stabilisierung der operativen Geschäftstätigkeit
- Verzahnung der Planungs- und Reportingprozesse
- Harmonisierung der operativen Geschäftsprozesse
- Verzahnung der EDV-Systeme

Die weichen Faktoren setzen hingegen bei den betroffenen Mitarbeitern an. Hierzu gehören unter anderem:

- Erarbeitung einer gemeinsamen Vision und Unternehmenskultur
- Ausrichtung des Mitarbeiterverhaltens an den neuen Leitlinien
- Kommunikationsmaßnahmen zur Mitarbeiterinformation
- Trainingsprogramme zur Stressbewältigung
- Teamkonfrontations- und Problemlösungssitzungen

Vertreter dieses Erfolgsrezeptes argumentieren, die Bedeutung weicher Maßnahmen ergebe sich insbesondere daraus, dass weiche Faktoren sehr viel schwerer greif- und damit gestaltbar seien als harte Faktoren. Daher wird unterstellt, dass weiche Maßnahmen wichtiger für den Integrationserfolg sind als harte.

Sowohl weiche als auch harte Integrationsmaßnahmen sind erfolgsrelevant

Von der langen Liste weicher und harter Integrationsmaßnahmen, die wir untersucht haben, finden sich aus jeder Kategorie Maßnahmen, die den Integrationserfolg positiv beeinflussen. Der einseitigen Dominanz einer einzelnen Kategorie von Maßnahmenbündeln als Erfolgsgarant ist damit klar zu widersprechen.

Der stärkste von uns gemessene Erfolgseinfluss geht von der operativen Verzahnung der Geschäftsaktivitäten aus (+0,38), also von einer harten Integrationsmaßnahme. Maßnahmen dieser Art sind unverzichtbar für die Realisierung der angestrebten Integrationssynergien. Ohne sie wächst die Gefahr dysfunktionale Effekte, z. B. aufgrund ungeregelter Zuständigkeiten, nicht definierter Schnittstellen oder ineffizient gestalteter Geschäftsprozesse.

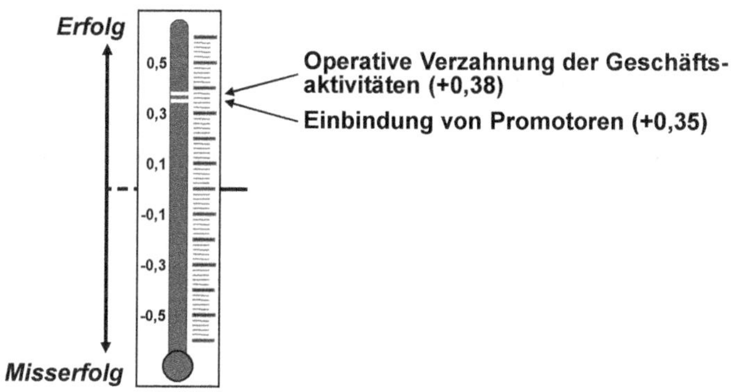

Abb. 7: Erfolgseinfluss ausgewählter Integrationsmaßnahmen

Der Erfolgseinfluss durch Einbindung von Promotoren, also einer weichen Maßnahme, ist allerdings ähnlich hoch (+0,35). Der positive Erfolgseffekt von Promotoren basiert vor allem in der wirkungsvollen Überwindung von Integrationsbarrieren. Dies erfolgt insbesondere durch ihr vorbehaltloses Engagement für die Integration. Mit ihrer Person und Funktion stehen sie im Unternehmen für die Integration. Sie stehen bereit, wenn es gilt, Defizite im Integrationsprozess zu beseitigen. Durch den Einsatz von Promotoren können insbesondere solche Integrationsbarrieren wirkungsvoll bekämpft werden, die in den mangelnden Fähigkeiten der Mitarbeiter oder aber organisatorischen Hindernissen begründet liegen.

Unsere Befunde sind eindeutig. Wer mit Fusionen und Akquisitionen erfolgreich sein will, darf sich nicht nur auf weiche oder aber auf harte Maßnahmen beschränken. Der Integrationserfolg stellt sich nur dann ein, wenn das Integrationsmanagement die komplette Klaviatur weicher und harter Integrationsmaßnahmen beherrscht.

Die meisten Firmen setzen weiche Maßnahmen allerdings nur unterdurchschnittlich stark ein

Den vielen Bekenntnissen zur Bedeutung von weichen Faktoren zum Trotz setzen die meisten Unternehmen dennoch vor allem auf harte Maßnahmen. An der Spitze stehen mit 98 Prozent dabei Maßnahmen zur strukturellen Verzahnung der Führungsorganisation. Maßnahmen zur strukturellen Verzahnung von Geschäftsbereichen folgen mit 78 Prozent.

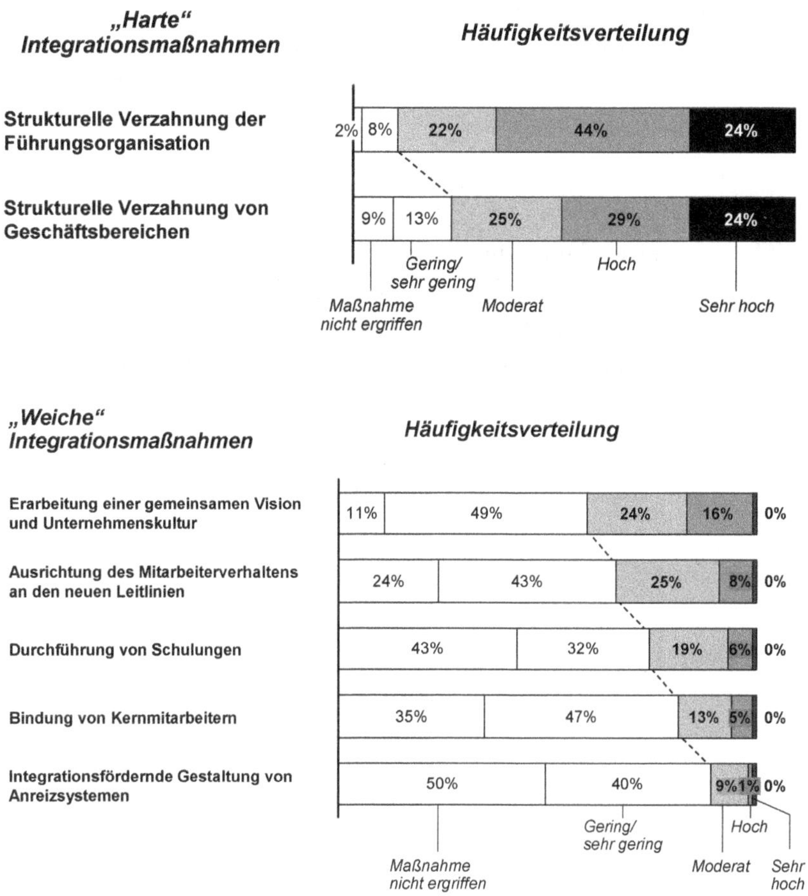

Abb. 8: Eingesetzte „harte" und „weiche" Integrationsmaßnahmen

Weiche Integrationsmaßnahmen hingegen werden nur unterdurchschnittlich häufig ergriffen. So ergreift jeder dritte verantwortliche Manager weder Schulungsmaßnahmen noch Maßnahmen zur Mitarbeiterbindung. Und, 90 Prozent der Unternehmen ergreifen so gut wie keine Maßnahmen zur integrationsfördernden Gestaltung von Anreizsystemen (siehe Abb. 8).

Im Gegensatz zu den harten Faktoren wird den personalen Aspekten der Integration – also den weichen Faktoren – deutlich geringere Aufmerksamkeit geschenkt. Für viele Unternehmen bedeutet Integrationsmanagement also in erster Linie die Umsetzung harter Maßnahmen. Die Integration der Mitarbeiter und deren Leistungspotenziale scheint bei vielen Unternehmen nicht die vordringliche Aufgabe des Integrationsmanagements zu sein.

FAZIT: Harte Maßnahmen sind genauso wichtig wie weiche Maßnahmen. Allerdings: während harten Maßnahmen eine große Beachtung geschenkt wird, werden weiche Maßnahmen vielfach nur ansatzweise oder gar nicht umgesetzt.

7 Integration Excellence – Mit Fusionen und Akquisitionen zum Unternehmenserfolg

Wie unsere Befunde belegen sind zahlreiche Erfolgsrezepte in Sachen Post Merger Integration falsch oder müssen in ihrem Aussagegehalt stark relativiert werden. So ist etwa der Einfluss situativer Rahmenbedingungen deutlich geringer als vielfach angenommen und der Einfluss harter Faktoren genauso groß wie der weicher Faktoren. Ein Großteil der Manager folgt also falschen Erfolgsrezepten. Doch was ist das richtige Vorgehen bei Firmenintegrationen? Diese Frage beantwortet unser Konzept der Integration Excellence.

Integration Excellence bedeutet, dass das Management die mit der Integration angestrebten Synergieziele nicht nur auf Papier formuliert, sondern auch tatsächlich umsetzt. Der Zielerreichungsgrad bildet damit das Herzstück von Integration Excellence. Allerdings: Kann eine Integration selbst bei umfassender Realisierung der angestrebten Synergieziele auch dann als Erfolg gewertet werden, wenn gleichzeitig massenhaft Leistungsträger das Unternehmen verlassen oder aber wesentliche Meilensteine nicht eingehalten werden und die Integration zeitlich aus dem Ruder läuft? Wir glauben: nein!

Deshalb ist es für Integration Excellence unserer Auffassung nach nicht allein ausreichend, wenn das Management die Umsetzung der Synergieziele sicherstellt. Vielmehr ist das Integrationsmanagement auch nach Maßstäben der sozialen Verträglichkeit und der Umsetzungseffizienz zu bewerten. Erst wenn es dem Integrationsmanagement gelingt, die Synergieziele *in time and budget* so zu realisieren, dass die Mitarbeiter hinter der Integration stehen, liegt Integration Excellence vor.

Als Messlatte für die Bemessung von Integration Excellence haben wir die Top 9 Prozent unserer Stichprobe als Top-Performer definiert (vgl. Abb. 1) – Unternehmen also, die den Durchschnitt um Längen schlagen.

90 Prozent mehr Synergien durch Integration Excellence

Aber was bringt Integration Excellence dem betroffenen Management denn nun wirklich? Wie gesagt 62 Prozent der Manager erreichen nur ansatzweise oder aber gar nicht die mit der Integration angestrebten Synergieziele; im Gegensatz dazu schaffen es Top-Performer regelmäßig, die gesteckten Synergieziele zu erreichen oder sogar zu übertreffen. Und genau dies ist der Mehrwert von Integration Excellence. Folgende Beispielrechnung illustriert diesen Mehrwert:

Angenommen, das Synergiepotenzial einer Fusion beträgt 150 Millionen Euro. Nach Maßgabe der empirisch ermittelten und in Abb. 1 dargestellten Erfolgswahrscheinlichkeiten gelingt es Top-Performern, dieses Synergiepotenzial nahezu umfassend auszuschöpfen. In Zahlen: Top-Performer schaffen durch überlegenes Integrationsmanagement, rund 92 Prozent des Synergiepotenzials auszuschöpfen; in diesem Fall wären das rund 138 Millionen Euro. Ein ganz anderes Bild bei Durchschnittsunternehmen. Unternehmen aus dem Mittelfeld, die mit 65 Prozent immerhin rund zwei Drittel des Gesamtsamples stellen, erreichen lediglich 73 Millionen Euro oder 49 Prozent des Synergiepotenzials. In anderen Worten: Durchschnittsunternehmen lassen also durch mangelhaftes Integrationsmanagement rund die Hälfte des Synergiepotenzials auf der Straße liegen.

Durch Integration Excellence kann das Management also bis zu 90 Prozent mehr Synergien erzielen. Integration Excellence ist damit also nicht bloß ein weiteres Schlagwort in der Managementliteratur, sondern ein Instrument, mit dem sich handfeste Fusionssynergien und Wettbewerbsvorteile realisieren lassen.

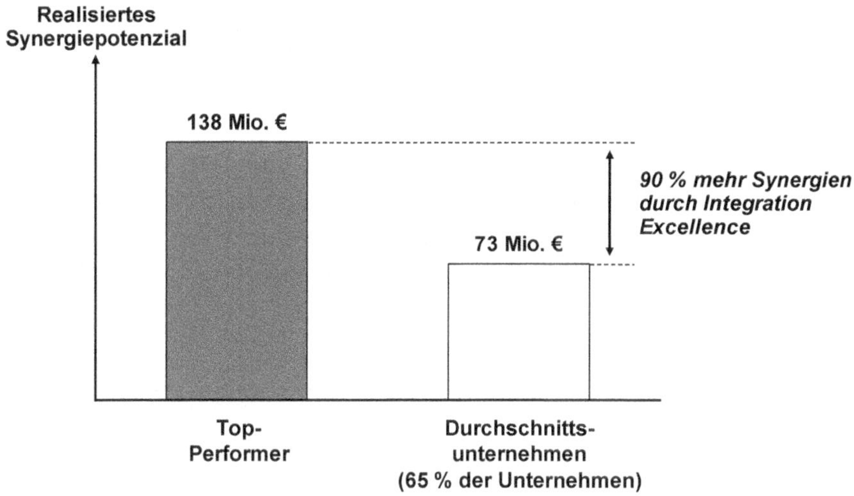

Abb. 9: Leistungsdefizit von Durchschnittsunternehmen (Beispielrechnung)

Ambitionierte Ziele sind keine Ausrede für Top-Performer

Die Ergebnisse unserer Untersuchung relativieren die naheliegende Vermutung, Top-Performer seien nur deshalb so erfolgreich, weil sie keine ambitionierten Ziele verfolgten; also gewissermaßen die Messlatte für den Erfolg nicht so hoch legen. Doch genau das Gegenteil ist der Fall: Top-Performer setzen sich mindestens genauso ambitionierte Ziele wie der Durchschnitt; teilweise verfolgen sie sogar deutlich ambitioniertere Ziele. Dies gilt durchaus auch für betriebliche Bereiche mit hoher operativer Komplexität. Denn Top-Performer streben vor allem auch Synergien im Bereich der betrieblichen Leistungserstellung an; also dem Herzstück jedes Unternehmens. Hier setzt man sich Synergieziele, die ca. 30 Prozent über denen liegen, die sich die Durchschnittsunternehmen setzen. Aber auch in den anderen Integrationsbereichen setzen sich die Top-Performer deutlich höhere Synergieziele als der Durchschnitt:

- Im Bereich Beschaffung + 57 Prozent
- Im Bereich Logistik + 15 Prozent
- Im Bereich Marketing & Vertrieb + 13 Prozent

Der Erfolg von Top-Performern ist also keineswegs darauf zurückzuführen, dass sie es sich besonders einfach machen. Ambitionierte Ziele sind keine Ausrede für Top-Performer.

Allein die bloßen Zahlen beeindrucken: So erreichen Top-Performer beispielsweise im Bereich der Leistungserstellung um 151 Prozent höhere Ziele als der Durchschnitt. Ähnlich hohe Unterschiede ergeben sich auch für die Bereiche Logistik (+145 Prozent) sowie Marketing & Vertrieb (+148 Prozent).

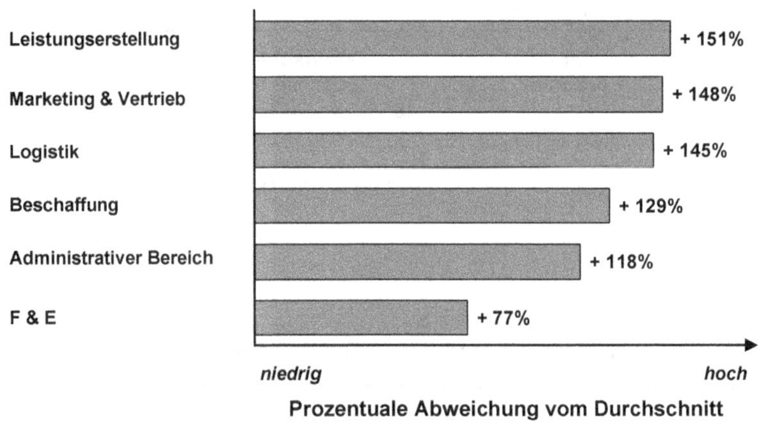

Abb. 10: Zielerreichung der Top-Performer im Vergleich zum Durchschnitt

Trotz der hoch angelegten Messlatte erreichen Top-Performer ihre Ziele im Gegensatz zum Durchschnitt mit deutlichem Vorsprung. Die Leistungslücke zwischen Spitzenunternehmen und dem Durchschnitt ist in sämtlichen Funktionsbereichen enorm. Die Zahlen belegen, mit welcher hohen Qualität Top-Performer den Integrationsprozess in allen funktionalen Bereichen beherrschen.

Top-Performer sind in Deutschland Mangelware

Insgesamt gesehen spielen deutsche Unternehmen im Konzert der globalen M&A-Tätigkeit eine zunehmend wichtige Rolle. Beispiele wie Deutsche Telekom-Voicestream oder Daimler Benz-Chrysler haben weltweites Aufsehen erregt. Doch damit enden die Ähnlichkeiten bereits, denn die Art, wie deutsche Unternehmen das Thema Übernahme und Fusionen angehen, ist eher mittelmäßig. Deutsche Unternehmen können hier offensichtlich noch viel lernen.

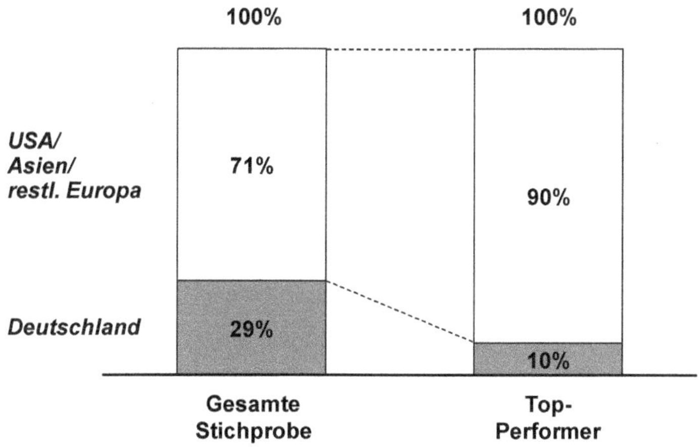

Abb. 11: Integrationserfolg deutscher Unternehmen im internationalen Vergleich

In unserer Stichprobe war in 29 Prozent der Fälle ein deutsches Unternehmen auf der Käuferseite. Bei den Top-Performern dieser Stichprobe waren deutsche Unternehmen allerdings nur noch in einer Größenordnung von 10 Prozent vertreten. In anderen Worten: Deutsche Manager gehören bei Post Merger Integrationen meist zu den Verlierern. Nur jedes zehnte deutsche Unternehmen ist fit genug für die Integrationsherausforderung.

FAZIT: Post Merger Integration ist gefährlicher als Russisch Roulette. Mehr als die Hälfte aller Manager versagt bei der Integration. Dennoch gibt es Führungskräfte, die die Herausforderung durch systematisches und konsequentes Integrationsmanagement erfolgreich meistern. Glück oder Zufall spielen bei Integration Excellence nur eine untergeordnete Rolle.

Teil II:

Post-Merger-Risiken – Auf welche Gefahrenquellen Sie achten sollten

Wirtschaftspresse, akademische Veröffentlichungen und Praxishandbücher überschlagen sich mit Erfolgsrezepten für die richtige Post Merger Integration. Jedes dieser vermeintlichen Rezepte erscheint bereits auf den ersten Blick plausibel und nachvollziehbar. Doch aller Plausibilität zum Trotz: nur wenige dieser sind bisher in Zahlen – also empirisch – untermauert worden. Die Handlungsempfehlungen gehen nur teilweise über generalisierte Einzelfallbetrachtungen hinaus.

Trotz der großen Anzahl an Veröffentlichungen gehen bisher kaum Beiträge systematisch der Frage nach, wie Manager bereits vor der Vertragsunterzeichnung die Risiken einer Post Merger Integration identifizieren und die Erfolgschancen verbessern können. Es wird so getan, als ob alleine schon das Befolgen vermeintlicher Erfolgsrezepte sicherstellt, dass sich der Integrationserfolg auch tatsächlich einstellt.

Hier setzt das folgende Kapitel an: Es wird gezeigt, was dass Management bereits in der Due-Diligence-Phase tun kann, um die Erfolgschancen einer Post Merger Integration überprüfen und verbessern zu können. Konkret wird dargelegt, wo potenzielle Integrationsrisiken zu suchen sind und wie sich diese identifizieren lassen.

Methode zur Risiko-Identifikation:

Auf der Suche nach einer Antwort auf die Frage, auf welche Post-Merger-Risiken das Management achten muss, haben wir insgesamt über 300 Faktoren empirisch untersucht, die in Literatur und Praxis als mögliche Risiken diskutiert werden (vgl. auch Teil I, Seite 11, Design der Studie). Die empirische Untersuchung dieser insgesamt 300 Faktoren haben wir in zwei Schritten durchgeführt.

(1) Überprüfung der Risiko-Signifikanz: In einem ersten Schritt wurde die statistische Signifikanz der Faktoren überprüft. D.h., es wurden diejenigen Faktoren herausgefiltert, die das Post-Merger-Risiko nicht etwa nur nach Hörensagen, sondern nach harten statistischen Kriterien beeinflussen. Hierbei haben sich insgesamt 35 sehr unterschiedliche Risikofaktoren herauskristallisiert, die von der Qualität des Integrationskonzepts über Unterschiede in der Führungsspanne bis hin zu Mitarbeiterwiderständen und Know-how-Defiziten auf Ebene der Integrationsleitung reichen.

(2) Verdichtung zu Risiko-Klassen: Im zweiten Schritt wurden diese 35 Risikofaktoren über zehn Risiko-Bereiche in vier Risiko-Klassen verdichtet, nämlich Synergie-, Struktur-, People- und Projekt-Risiken. Synergie-Risiken umfassen dabei all diejenigen Faktoren, die ihren Ursprung in der mangelhaften Planung der Synergieumsetzung haben; Struktur-Risiken resultieren aus dem Nicht-Zusammenpassen von organisatorischen Strukturen und Abläufen; People-Risiken erfassen personelle Widerstände; Projekt-Risiken umfassen schließlich Hindernisse bei der projektseitigen Umsetzung der Firmenintegration.

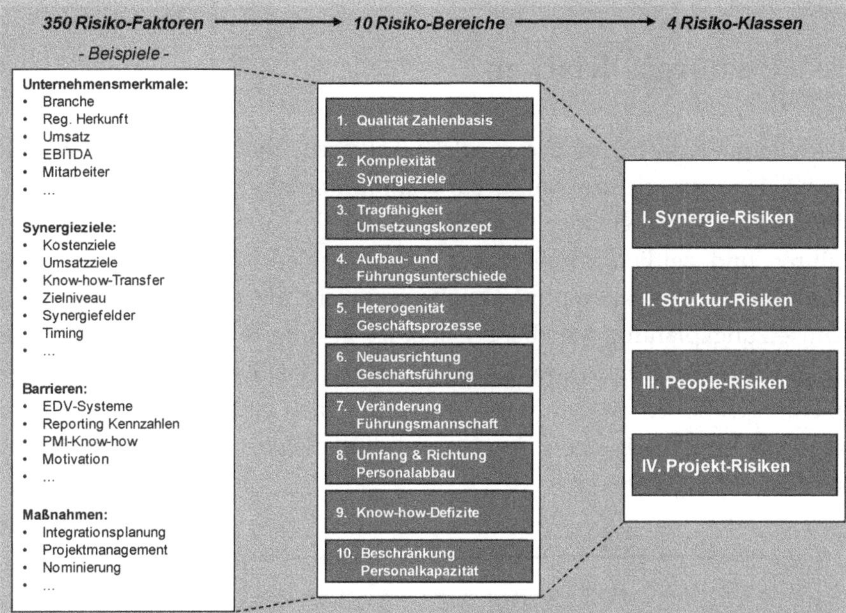

Abb. 12: Vorgehensweise zur Risiko-Identifikation

Im Folgenden beschreiben wir entlang der vier Risiko-Klassen die 35 Risikofaktoren, die einen statistisch nachweisbaren Einfluss auf den Integrationserfolg haben.

1 Synergie-Risiken

Synergie-Risiken umfassen solche Faktoren, die auf mangelhafte Planung der Synergieumsetzung zurückzuführen sind. Hiervon sind solche Risiken zu unterscheiden, die zu einer fehlerhaften Synergieermittlung führen und zeitlich vorgelagert sind. Synergie-Risiken im vorliegenden Verständnis fokussieren auf Gefahrenquellen, die sich aus mangelhafter Umsetzungsplanung ergeben. Dabei zeigt unsere Untersuchung, dass zehn Risikofaktoren in drei Risiko-Bereichen das Synergie-Risiko von Firmenintegrationen beeinflussen. Dies sind neben einer schlechten Qualität der Zahlenbasis, eine hohe Umsetzungskomplexität sowie ein mangelhaftes Umsetzungskonzept.

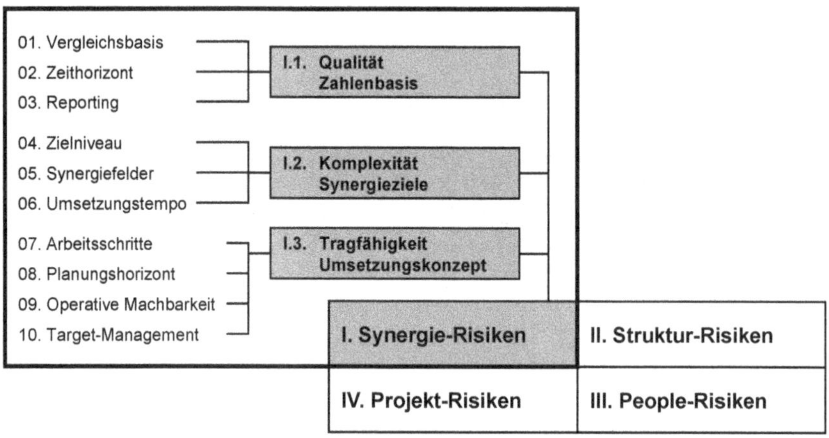

Abb. 13: Synergie-Risiken

1.1 Qualität der Zahlenbasis

Historische Finanzdaten sind oft nur schwer vergleichbar

Unabhängig davon, wie rosa und rot die Synergiewolken am Fusionshimmel auch sein mögen: die Risiken einer Post Merger Integration hängen zunächst einmal von der Verfügbarkeit von Finanzdaten ab. So etwa von der Frage, ob die Historie beider Unternehmen anhand von Finanzkennzahlen lückenlos und plausibel nachvollzogen werden kann. Jede Finanzplanung bedarf eines Aufsatzpunktes, der sich 1 : 1 aus der Vergangenheit ableiten lassen muss. Was helfen die schönsten Synergiephantasien für die Zukunft, wenn der Aufsatzpunkt im Heute falsch ist? Zwar haben die Rechnungslegungsskandale der letzten Jahre – Schlagwort *Enronitis* – das ihre dazu beigetragen, der Glaubwürdigkeit historischer Finanzdaten zu misstrauen, doch weiterhin gilt: liegen keine tragfähigen Informationen über die OldCos in Form belastbarer G&V und Bilanzen vor, ist eine seriöse Planung der Post Merger Integration nur bedingt möglich.

Das Risiko eingeschränkter Vergleichbarkeit historischer Finanzdaten hat in den vergangenen Jahren zugenommen. Zahlreiche Unternehmen haben unter der Überschrift *Fokussierung auf Kernkompetenzen* umfangreiche Veränderungsprogramme durchlaufen. Randaktivitäten wurden veräußert und Kernbereiche verstärkt. Es sind vor allem diese strukturellen Veränderungen, die dafür verantwortlich sind, dass sich in den Finanzdaten vieler Unternehmen umfassende Einmaleffekte verbergen. Das Risiko eingeschränkter Vergleichbarkeit von Finanzdaten stellt sich regelmäßig auch dann, wenn Unternehmensteile in Vorbereitung eines Verkaufs aus einem bestehenden Unternehmen erst herausgeschält werden müssen (*carve out*). Häufig werden dann vollständig neue Unternehmen geschaffen, die trotz langjähriger Firmentradition nur auf eine kurze selbständige operative Historie zurückblicken. Die Tragfähigkeit der Vergleichsbasis ist in diesen Fällen stark eingeschränkt.

Die Qualität der verfügbaren Zahlenbasis hängt – neben gesellschafts-/rechtlichen Einschränkungen – aber auch stark vom Mergertyp ab. Schlagworte wie *Hostile Takeover* und *Friendly Takeover* deuten an, in welchem Spannungsfeld Firmenintegrationen im Hinblick auf die Bereitschaft zum Informationsaustausch durchgeführt werden. Stehen sich im Falle einer feindlichen Übernahme die Unternehmen mit gewetzten Krallen gegenüber, wird der Zugang des Käuferunternehmens zu relevanten Finanzdaten bewusst blockiert – der Informationsfluss mutiert dann zu einem Rinnsal.

Unzureichende Finanz-Planung der NewCo erhöht das Synergie-Risiko

Das Vorliegen verlässlicher historischer Finanzdaten ist zwar eine hinreichende aber noch keine ausreichende Bedingung. Denn: auch bei Unternehmen mit langer und konstanter Historie ist eine reine Extrapolation der historischen Daten keine Garantie für eine verlässliche Prognose. So impliziert eine reine Vergangenheitsbetrachtung per se unrealistische Annahmen über die Stabilität der Zukunft. Verlässliche Planungen zur Verringerung von Synergie-Risiken bedürfen daher einer tiefgehenden Analyse von Wirkungszusammenhängen. Voraussetzung für eine realistische Finanz-Planung der NewCo bildet eine hinreichend detaillierte Modellierung von Wertschöpfungsketten sowie eine systematische Bewertung von Kosten- und Ertragstreibern entlang der einzelnen Wertschöpfungsschritte. Dabei zeigt die Erfahrung, dass Schlagworten wie *Economies-of-Scale* und *Cross-Selling* oftmals zu misstrauen ist. In vielen Fällen dienen sie lediglich als Platzhalter, die verbergen sollen, dass es keine klaren Vorstellungen darüber gibt, durch welche Maßnahmen Synergien im neuen Unternehmen konkret realisiert werden sollen.

Neben dem inhaltlichen Planungsansatz beeinflusst auch der Zeithorizont der Planung der NewCo die Synergie-Risiken. Die Finanz-Planung muss für eine hinreichend lange Zeitschiene die relevanten Wirkungszusammenhänge in G&V und Bilanz planerisch abbilden. Was bezogen auf den Einzelfall ein ausreichender Zeithorizont ist, bestimmt sich letztlich aus den erforderlichen Integrationsmaßnahmen. Eine tragfähige Finanz-

Planung setzt damit im Regelfall ein hinreichend ausgearbeitetes Umsetzungskonzept der Integration voraus. Häufig wird man dabei mit mehr oder weniger guten Annahmen über die zukünftigen Entwicklungen arbeiten müssen. Allerdings gilt dabei, dass eine transparente und begründete Annahme im Hinblick auf das Synergie-Risiko einer Post Merger Integration immer noch besser ist als ein spekulatives Augen-zu-und-durch.

Dabei darf nicht aus den Augen gelassen werden, dass es keine Synergien ohne Implementierungskosten gibt. Eine Finanz-Planung, die lediglich die Ertragsseite abbildet und die Synergiekosten unberücksichtigt lässt, treibt das Synergie-Risiko nach oben. Denn erst der Vergleich von Brutto-Synergien einerseits und Synergiekosten andererseits liefert ein realistisches Bild des Wertpotenzials. Hierbei sind sowohl mitarbeiterbezogene Kosten für etwa Abfindungen und Outplacement als auch anlagebezogene Finanzeffekte wie Sonderabschreibungen und Neuinvestitionen planerisch zu erfassen. Besonders hoch ist das Risiko immer dann, wenn es um Synergiekosten geht, die im buchhalterischen Sinne nicht exakt erfassbar sind. Hierbei handelt sich um versteckte Synergiekosten, wie zum Beispiel entgangene Erträge aufgrund eines temporären Absinkens der Umsatzleistung in Folge der Post Merger Integration; ein handfestes Phänomen vieler Post-Merger-Integrationen, das sich ohne entsprechende Erfahrungswerte nur schwer in Planzahlen gießen lässt.

Mangelhaftes Reporting erschwert das Monitoring der Synergieumsetzung

Das Fehlen geeigneter Reporting-Kennzahlen für das Monitoring der Synergieumsetzung erhöht ebenfalls das Synergie-Risiko. Dabei bildet das in den Unternehmen verfügbare Standard-Instrumentarium die Bewertungsbasis. Gerade deutsche Unternehmen hinken hier im internationalen Vergleich immer noch hinterher. Dies gilt insbesondere im Hinblick auf Steuerungskennzahlen, die die operative Ertragskraft ins Verhältnis zum eingesetzten Kapital setzen und damit die Frage danach beantworten, ob die Integration aus Sicht der Kapitalgeber auf dem richtigen Weg ist. Mitunter sind fehlende Kennzahlen dann kurzfristig im Rahmen der Post Merger Integration zu implementieren. Dies erhöht nicht nur die Umsetzungskomplexität, sondern bedingt auch regelmäßig, dass bis zu dem Zeitpunkt, an dem die erforderlichen Kennzahlen schlussendlich verfügbar sind, die Integration blind gesteuert werden muss.

1.2 Komplexität der Synergieziele

Ambitionierte Ziele erhöhen die Umsetzungskomplexität

Unabhängig von der jeweiligen inhaltlichen Ausprägung der angestrebten Synergieziele gilt, dass das Synergie-Risiko einer Firmenintegration zunimmt je ambitionierter die Ziele sind. Zur Illustration anbei drei Zielniveaus, die ein finanziell gesundes Käuferunternehmen mit einem Zusammenschluss grundsätzlich verfolgen kann:

- **Zielniveau I**
  Das Target Unternehmen soll auf das operative Leistungsniveau des Käuferunternehmens angehoben werden; z. B. Erwerb eines finanziell angeschlagenen Unternehmens.

- **Zielniveau II**
  Das Target Unternehmen soll das bestehende Leistungsniveau beibehalten; z. B. Kauf eines finanziell gesunden Unternehmens mit Kompetenz im Bereich Forschung & Entwicklung.

- **Zielniveau III**
  Das Leistungsniveau von sowohl Target Unternehmen als auch Käuferunternehmen sollen im Zuge der Post Merger Integration gemeinsam angehoben werden; z. B. durch gemeinsamen Aufbau neuer Geschäftsmodelle.

Wie die skizzierten Beispiele illustrieren hängt die Risikobewertung des Zielniveaus damit grundsätzlich nicht nur von der Leistungsfähigkeit des

Target Unternehmens, sondern auch von der des Käuferunternehmens ab. So kann in dem einen Fall eine 2-prozentige Verbesserung der EBITDA-Marge ein sehr hohes Zielniveau bedeuten, während es in einem anderen Fall ein niedriges wäre. Die Frage danach, wie hoch das Synergie-Risiko bei welchem Zielniveau ist, kann nur aus der konkreten Situation des Einzelfalls heraus und nur durch Abgleich der operativen Leistungsfähigkeit beider Unternehmen beantworten werden. Unabhängig vom konkreten Einzelfall gilt jedoch der generelle Zusammenhang: ein aggressives Zielniveau erhöht das Synergie-Risiko bei Post-Merger-Integrationen.

Heterogene Synergiefelder erhöhen die Umsetzungskomplexität

Neben der Höhe des Zielniveaus beeinflusst auch die Anzahl heterogener Synergiefelder das Synergie-Risiko. Je mehr heterogene Synergiefelder zu meistern sind, desto größer die Umsetzungskomplexität und das Synergie-Risiko. Die Heterogenität der Synergiefelder bemisst sich dabei aus der Verschiedenheit der für eine erfolgreiche Synergieumsetzung erforderlichen Maßnahmen und Umsetzungskompetenzen. So muss das Management zum Beispiel zur Umsetzung von Cross-Selling-Synergien deutlich mehr heterogene Synergiefelder anpacken (etwa im Vertrieb, Kundenbetreuung, Marketing, Produktmanagement, Supply Chain Management) als etwa bei der Konsolidierung von Rechnungswesen-Funktionen. Je heterogener die zu adressierenden Synergiefelder und je heterogener die erforderlichen Maßnahmen und Know-how desto größer die Umsetzungskomplexität und desto größer das Synergie-Risiko.

Allerdings treibt nicht nur die Zahl heterogener Synergiefelder das Risiko, sondern auch der geplanten Veränderungsumfang innerhalb dieser Synergiefelder. Je größer die mit der Integration einhergehenden Veränderungen desto mehr Steine müssen angefasst und neu zusammengesetzt werden. Damit erhöht sich aber auch die Gefahr, dass Fugen mitunter nicht mehr nahtlos aneinander passen und Risse entstehen. Hierzu einige illustrative Beispiele, wie unterschiedlich der Veränderungsumfang innerhalb ein und desselben Synergiefelds sein kann (jeweils geringer Veränderungsumfang *versus* hoher Veränderungsumfang):

- Produkt-/Geschäftsbereiche bleiben leicht modifiziert bestehen und werden unter einer einheitlichen Führung neu zusammengefasst
  versus
  Produkt-/Geschäftsbereiche werden vollständig aufgelöst und entlang der gesamten Wertschöpfungskette neu zusammengefügt

- EDV Systeme werden in der Weise zusammengestöpselt, dass ein störungsfreier Betrieb und Datenaustausch sichergestellt ist
  versus
  Bestehende EDV Systeme werden durch völlig neue Systeme ersetzt

- Fallweise Adressierung von Management- bzw. Mitarbeiter-Redundanzen
  versus
  Systematische Neudimensionierung der Ressourcenstärke auf Basis von Benchmarks nach Zero-Base Ansatz

- Übertragung von Managementprozessen des Käuferunternehmens auf das Target Unternehmen
  versus
  Völlige Neugestaltung aller Managementprozessen nach Maßgabe von Best Practices.

Das Synergie-Risiko nimmt mit der Anzahl heterogener Synergiefelder einerseits und dem geplanten Veränderungsausmaß innerhalb der Synergiefelder andererseits zu. Je heterogener und größer die notwendigen Veränderungen, desto komplexer die Umsetzung und desto größer das Post-Merger-Risiko.

Je höher das Tempo, desto schwieriger sind Kurskorrekturen bei der Umsetzung

Neben ambitioniertem Zielniveau und heterogenen Synergiefeldern erhöht auch ein hohes Umsetzungstempo das Synergie-Risiko. Genau genommen ist es die Umsetzungsrate, also der Maßnahmeneinsatzes pro Zeiteinheit. Je höher die Umsetzungsrate, desto höher die Synergie-Risiken. Denn unter der Annahme konstanter Mitarbeiterausstattung führt eine hohe Umsetzungsrate zwangsläufig zur wachsenden Arbeitsbelastung und damit zu dem Risiko einer Überlastung der Mitarbeiter. Ein hohes Umsetzungstempo erhöht daher die Gefahr, dass die für eine erfolgreiche Integration notwendigen Arbeitsschritte nur ansatzweise durchgeführt werden können – oder im Extremfall sogar unbearbeitet liegen bleiben müssen. Verfügt ein Unternehmen also nicht über die Möglichkeit bei einer zunehmenden Umsetzungsrate auch mehr Ressourcen einzusetzen, steigt das Synergie-Risiko überproportional (vgl. auch Kapitel I.2, „Top-Management und operatives Management verfolgen unterschiedliche Erfolgsrezepte", S. 10).

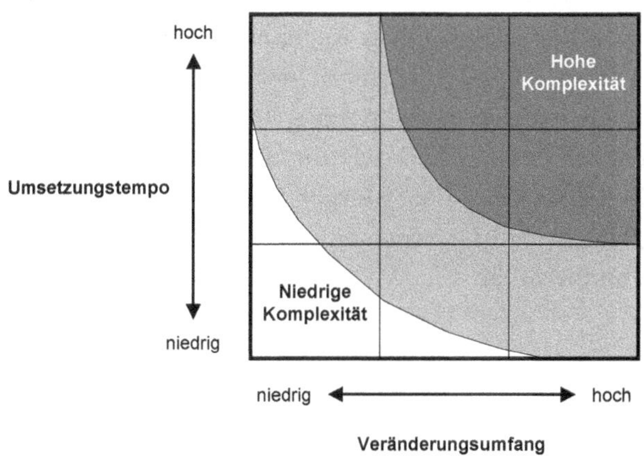

Abb. 14: Umsetzungstempo versus Veränderungsumfang

1.3 Tragfähigkeit Umsetzungskonzept

Lücken im Umsetzungskonzept erhöhen das Synergie-Risiko

Neben schlechter Zahlenbasis und hoher Umsetzungskomplexität erhöhen auch Defizite im Umsetzungskonzept das Synergie-Risiko. Während die Qualität der Zahlenbasis primär auf Finanzdaten abzielt, fragt die Tragfähigkeit des Umsetzungskonzepts nach der inhaltlichen Güte der operativen Umsetzungsplanung. Im Hinblick auf die Tragfähigkeit des Umsetzungskonzepts und den damit verbundenen Synergie-Risiken stellt sich vor allem die Frage nach der Vollständigkeit und dem Detaillierungsgrad des Umsetzungskonzepts. Je größer die Lücken im Umsetzungskonzept desto größer die Synergie-Risiken.

Als Richtschnur für die Integrationsplanung gilt: der Planungshorizont des Umsetzungskonzepts muss zeitlich mindestens so weit reichen, dass 80 Prozent aller synergierelevanten Maßnahmen planerisch erfasst werden. Hierzu gehören dann in aller Regel auch Maßnahmen die typischerweise erst deutlich nach den berühmten *ersten 100 Tagen* umgesetzt werden, wie zum Beispiel die funktionale Verzahnung von Geschäftsbereichen oder aber die personelle Besetzung der operativen Hierarchieebenen. Das Synergie-Risiko einer Post Merger Integration ist immer dann hoch, wenn Integrationsplanung einerseits und Finanz-Planung andererseits zeitlich auseinanderfallen.

Fehlende Überprüfung der operativen Machbarkeit erhöht das Synergie-Risiko

Wie tragfähig ein Umsetzungskonzept ist, hängt nicht nur davon ab, ob die wesentlichen Arbeitsschritte erfasst werden, sondern auch davon, ob die definierten Maßnahmen operativ umsetzbar sind, also von der inhaltlichen Güte der definierten Maßnahmen. Je geringer der Grad der operativen Machbarkeit desto größer das Synergie-Risiko. Diese zunächst triviale Erkenntnis gewinnt angesichts der Frage, wer denn eigentlich die operative Machbarkeit im Verlauf des M&A-Prozess wann und wie beurteilen soll, an Brisanz. So verfügt das operative Management zwar meist über detailreiche Kenntnisse des Alltagsgeschäfts, ihm fehlen jedoch in der Regel Erfahrungswerte im Hinblick auf Firmenzusammenschlüsse. Wiederum anders verhält es sich auf Ebene des Top-Managements: hier besitzt der Großteil der Führungskräfte zwar Integrationserfahrung; allerdings fehlt ein detailliertes Verständnis des Tagesgeschäfts. Diese unterschiedliche Perspektive von Top-Management und Linienmanagement schlägt sich auch in der unterschiedlichen Beurteilung operativer Machbarkeit wieder (vgl. Kapitel I.2, Abschnitt „Top-Management und operatives Management verfolgen unterschiedliche Erfolgsrezepte", S. 10). Eine wirksame Überprüfung der Machbarkeit des Umsetzungskonzepts setzt damit die Einbindung des Linienmanagements voraus. Das Synergie-Risiko nimmt immer dann zu, wenn die operative Machbarkeit des Umsetzungskonzepts nur vom Top-Management bewertet wird. Je weniger intensiv Führungskräfte beider Ebenen in die Entwicklung des Umsetzungskonzepts eingebunden sind, desto größer die Gefahr, dass das Umsetzungskonzept Defizite hinsichtlich der operativen Machbarkeit aufweist.

Doch wie lässt sich die operative Machbarkeit nicht nur für das eigene Unternehmen, sondern auch im Hinblick auf das Target Unternehmen bewerten? Hier können mitunter Dokumente erste Anhaltspunkte liefern, die sich in Datenräumen finden lassen. Neben Organigrammen mit Detailangaben zu Ressourcenstärken handelt es sich dabei vor allem um Ablaufdiagramme wichtiger Geschäftsprozesse sowie Informationen zur EDV-Landschaft des Target Unternehmens. Wichtige Informationen zur Überprüfung der operativen Machbarkeit finden sich allerdings in aller Regel nicht in den Datenräumen, sondern in den Köpfen der Mitarbeiter. Und der einzige mögliche Zugang zu diesem Wissen ist die unmittelbare Interaktion von Käufer- und Targetmanagement. Ein möglicher Ansatzpunkt sind Management Präsentationen. Durch gezielte und gut vorbereitete Fragen lässt sich im Rahmen solcher Präsentationen nicht nur die Qualität des Managements, sondern vor allem auch die operative Umsetzbarkeit des bis dahin erarbeiteten Integrationskonzepts plausibilisieren. Dabei sind das kommunikative Geschick des Fragenstellers und die konstituierenden Rahmenparameter der Transaktion die natürlichen Grenzen eines solchen Vorgehens. Das Risiko mangelnder operativer Machbarkeit des Integrationskonzepts steigt also in dem Maße, in dem Möglichkeiten zur wechselseitigen Plausibilisierung im Rahmen des M&A-Prozesses abnehmen. Schwierig erweist sich eine derartige Plausibilisierung oftmals dann, wenn der M&A-Prozess als Auktion gestaltet ist (vgl. Abb. 15).

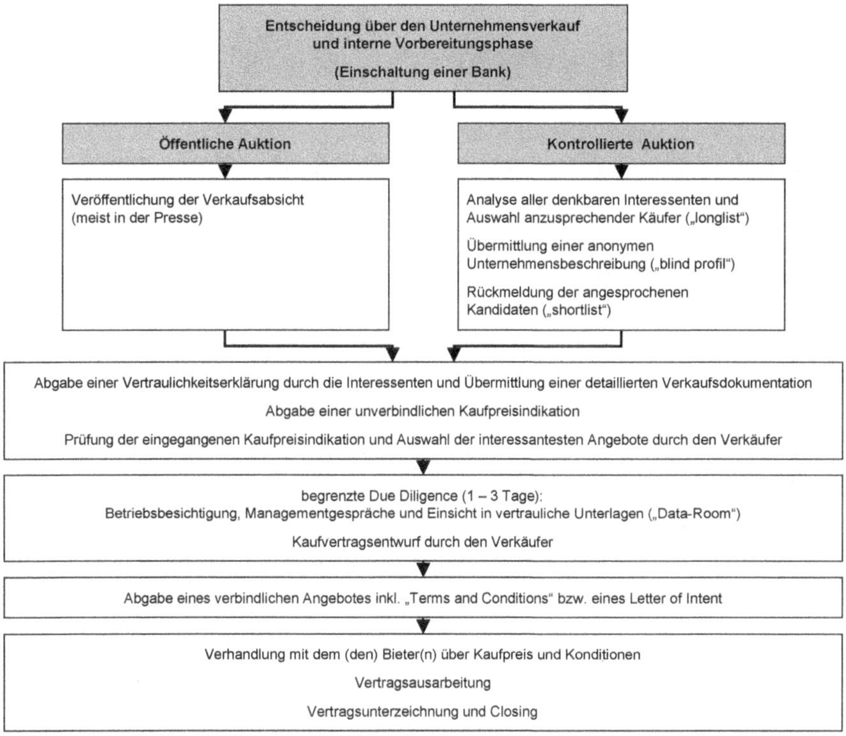

Abb. 15: Idealtypischer Verlauf von Auktionsverfahren

Quelle: Berens, W./Mertes, M./Strauch, J. (2013), Unternehmensakquisitionen, in: Berens, W./Brauner, H. U./Strauch, J. (Hrsg.), Due Diligence bei Unternehmensakquisitionen, 7. Auflage, Stuttgart, S. 21 - 62, hier S. 29.

FAZIT: Die Synergie-Risiken einer Firmenintegration sind umso höher, je komplexer die Umsetzung der Integrationsziele ist und je schlechter die Qualität von Zahlenbasis und Umsetzungskonzept ist.

Fallbeispiel: Münchener Rückversicherungs-Gesellschaft AG (Munich Re)

Integrationsprozesse: Systematisches PMI-Risikomanagement beginnt weit vor der Akquisition

Munich Re gehört zu den international führenden Anbietern von Erst- und Rückversicherung und hat in den vergangenen Jahren zahlreiche Unternehmen in die Gruppe integriert. Hierdurch konnte wertvolles Wissen über die Herausforderungen von Integrationsprojekten aufgebaut werden. Nicht zuletzt aufgrund dieser Kenntnisse steht Munich Re heute für eine allgemein sehr selektive Akquisitionsstrategie.

Gesprächspartner Dr. Stefan Duderstadt verantwortet als Leiter der Corporate Strategy von Munich Re u. a. das Center of Competence für Post-Merger-Integration (CoC PMI).

Die richtige Bewertung von Risiken ist eine der zentralen Aufgaben im Rahmen des PMI-Prozesses. Welche Maßnahmen haben sich zu diesem Thema bei Munich Re bewährt?

Profitables Wachstum und damit die Wertschaffung für den Aktionär sind unsere vorrangigen strategischen Ziele. Bereits im Vorfeld einer Akquisition erfolgt daher bei der Ausarbeitung des Businessplans sowie bei der Diskussion um den Angebotspreis eine Bewertung möglicher Integrations-Risiken, die einer nachhaltig erfolgreichen Wertschaffung vermeintlich zuwiderlaufen könnten. Konkret bedeutet dies: Die Gremienentscheidungen in unserem Haus über den Erwerb eines Targets basieren sowohl auf einer fundierten Einschätzung der strategischen Chancen einer solchen Akquisition als auch auf der Frage nach der Beherrschbarkeit der Integration. In diesem Kontext sind für uns die richtige PMI-Konzeption und eine frühzeitige Antizipation möglicher PMI-Risiken vor der potenziellen Akquisition wesentlich.

Wann genau kommen die Maßnahmen zur Risiko-Einschätzung in einem Akquisitionsprojekt zum Einsatz?

Die oft stark eingeschränkte Informationsbasis sowie das begrenzte Zeitfenster der M&A-Projekte sind hierbei die größten Herausforderungen. Wir verfolgen deshalb einen sehr disziplinierten M&A-Ansatz. Unser Ziel ist es, mögliche Integrations-Risiken nicht erst in der Due Diligence zu suchen, sondern möglichst viele kritische Faktoren schon beim Start des M&A-Projekts zu kennen und systematisch zu hinterfragen. Die kontinuierliche Aufbereitung von Lessons Learned der Vergangenheit ist hierbei ein wesentlicher Baustein, um potenzielle Risiken einer späteren Fusion bereits mit Beginn der Non-Binding-Offer-Phase konsequent abzuprüfen.

Welche Rolle spielt in Ihrem Haus hierbei das zentrale Center of Competence beim PMI-Risikomanagement?

Das Center of Competence für Post Merger Integration wird bei uns durch die Strategieabteilung der Gruppe koordiniert. Es ist quasi die Schnittstelle zwischen den abgeschlossenen und aktuell laufenden M&A- und PMI-Aktivitäten in den Geschäftsfeldern von Munich Re. Kern ist ein virtuelles PMI-Kompetenzteam, das gesammelte Erfahrungen aus der Vergangenheit in neue Projekte einbringt und die Beteiligten aus laufenden Projekten mit den internen PMI-Experten zu spezifischen Themen verzahnt. Konsolidierte Lessons Learned der Vergangenheit liefern wertvolle Erkenntnisse darüber, was funktioniert und vor allem was nicht funktioniert. Sie sind wesentlicher Input für das PMI-Kompetenzteam bei der Definition und Fortschreibung von Mindeststandards und Checklisten für unsere M&A- und PMI-Projekte. Das CoC PMI sorgt für deren Einhaltung und die laufende Fortschreibung auf der Basis neuer Erfahrungen aus aktuellen Projekten.

Wie lauten die PMI-Risiken, die Sie bereits vor der eigentlichen Due Diligence bewerten?

Die fehlende Transparenz über die Ziele eines Mergers zu Beginn des PMI-Projekts sowie eine unzureichende Strategie- und Businessplan-Orientierung im Rahmen der Umsetzung sind oft unterschätzte Stolpersteine. Des Weiteren liegen erhebliche Gefahren in der übermäßig optimistischen Bewertung des künftigen Geschäftsverlaufs und der Fehleinschätzung regulatorischer und rechtlicher Entwicklungen. Unser besonderes Augenmerk liegt auf der realistischen Beurteilung der Integrationskosten und „Dis-Synergien" sowie vor allem auf der Realisierbarkeit der oftmals zu ambitioniert geplanten Ertragssynergien.

Aus der Strategie abgeleitete, verbindliche, messbare Ziele mit korrespondierenden Prämissen, Treibern, Baselines und KPIs sind daher wesentliche Grundlage zur Entscheidungsfindung und ein zentraler Erfolgsfaktor erfolgreichen Integrationsmanagements. Das Management der im Rahmen des M&A-Projekts identifizierten Risiken ist Teil dieser Ziele und wird vom Tag eins der Integration an konsequent nachgehalten.

Wie sieht ein nachhaltiges PMI-Risikomanagement in der wichtigen Pre-Merger-Phase aus?

Die Überprüfung des „Strategic Fit" ist der erste wesentliche Schritt, der noch vor der eigentlichen Projektierung eines M&A-Projekts erfolgt. In diesem frühen Stadium findet eine erste grundsätzliche Diskussion über Vision und Ziele einer potenziellen Akquisition statt. Die Corporate-M&A-Abteilung ist zentraler Prozesstreiber in der Pre-Akquisitionsphase. Sie stellt von Anfang an die Einhaltung der konzernweit gültigen Investitionsrichtlinien und Standards sicher. Ebenso leistet sie die transparente Dokumentation aller Prämissen und Treiber, die dem Businessplan zugrunde liegen.

Auf der Basis der klar definierten Mindeststandards werden im Rahmen der Due-Diligence-Phase die wesentlichen Elemente des PMI-Konzepts festgelegt, so dass im Falle der Akquisition ein zügiges und konsequentes Integrationsmanagement möglich ist. Im Idealfall erfolgt hierbei die Erarbeitung durch den späteren, operativ verantwortlichen Integrationsmanager. Dies sorgt von Beginn an für den erforderlichen Realismus, insbesondere bei der Berechnung von Synergien und Integrationskosten sowie bei der Bewertung von PMI-Risiken.

Welche Elemente Ihres PMI-Risikomanagements werden in Stellung gebracht, wenn der Vertrag unter Dach und Fach ist?

Gemeinsam mit dem Target-Management erfolgt nach der Vertragsunterzeichnung eine Validierung der vor dem Kauf getroffenen Annahmen des Businessplans und des PMI-Konzepts. Hierdurch wird das erfolgskritische Commitment der Projektverantwortlichen für die definierten PMI-Ziele sichergestellt. Eine kontinuierliche Überprüfung, ob die Zielvorgaben auch entsprechend eingehalten werden, findet dann im Rahmen des Investitions-/PMI-Controlling statt. Neben der konsequenten Strategie- und Businessplan-Orientierung der Projekte ist so ebenfalls die erforderliche Transparenz zur übergreifenden Steuerung der PMIs gewährleistet.

2 Struktur-Risiken

Die zweite Kategorie von Post-Merger-Risiken umfasst Gefahrenquellen, die sich aus dem mangelnden Zusammenpassen von Unternehmensstrukturen und Geschäftsprozessen ergeben. Je nach Ausprägung lassen sich zwei Arten von Struktur-Risiken unterscheiden: Solche, die sich aus Unterschieden bei der Aufbau- und Führungsorganisation ergeben, und solche, die ihren Ursprung in unterschiedlichen Geschäftsabläufen haben.

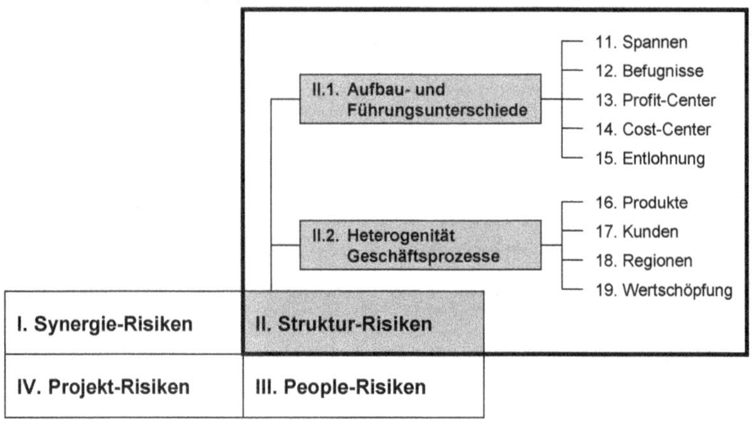

Abb. 16: Struktur-Risiken

2.1 Aufbau- und Führungsunterschiede

Heterogene Führungsspannen erschweren die strukturelle Verzahnung

Führungsspannen sind organisatorische Kenngrößen, die das quantitative Verhältnis von Führungskräften zu geführten Mitarbeitern beschreiben. Sie sind damit unter anderem ein Indikator dafür, wie zentral Entscheidungsbefugnisse in Organisationen gestaltet sind. So geht eine große Führungsspanne – d. h. viele Mitarbeiter berichten an wenige Führungskräfte – mit einer starken Zentralisierung von Entscheidungen einher. Hierarchien mit geringer Führungsspanne sind demgegenüber durch dezentrale Entscheidungsprozesse gekennzeichnet. Unterschiede im Zentralisierungsgrad führen bei Post Merger Integration dazu, dass eine Reorganisation – zumeist der Unternehmensführung – erforderlich wird. Anders als finanztechnische Modelle stützen sich Reorganisationen methodisch auf Heuristiken; der Austausch von mehr oder weniger plausiblen Sachargumenten steht im Vordergrund der Lösungserarbeitung. Reorganisationen sind in aller Regel nicht nur ein langwieriger, sondern auch inhaltlich ein riskanter Prozess mit zumeist politisch motivierten Lösungen. Jeder kann bei Reorganisationen mitreden und muss entsprechend seiner hierarchischen Position dann auch gehört und bei der Lösungsfindung berücksichtigt werden. Das Ergebnis ist häufig genug ein Kompromiss, der den Markt- oder Ressourcenanforderungen keiner der beiden Seiten mehr gerecht wird. Heterogene Führungsspannen erschweren die strukturelle Verzahnung und erhöhen das Risiko der Post Merger Integration.

Abweichende Center-Strukturen erhöhen das Struktur-Risiko

Einen ähnlich kompromiss- und risikobehafteten Reorganisationsprozess gilt es auch dann zu durchlaufen, wenn Unterschiede bei Profit-/Cost Centern bestehen. Erstere sind in sich abgeschlossene Organisationseinheiten, für die Ertrag und Kosten jeweils separat ermittelt werden; letztere ebenfalls separate meist jedoch technisch orientierte Organisationseinheiten für die im Gegensatz zu Profit-Centern nicht Erlös-, sondern nur Kostenziele fixiert werden. Mit der Implementierung von Center-Strukturen werden also mehr oder weniger große unternehmerische Handlungsspielräume organisatorisch verankert, in denen dann die Führungskräfte selbstständig operieren können. Center-Strukturen prägen somit nicht nur die strukturelle Aufbauorganisation von Unternehmen, sondern auch das Selbstverständnis und die Motivation von Mitarbeitern. Struktur-Risiken bei Integrationen treten immer dann auf, wenn der Anteil der Mitarbeiter, der in Center-Strukturen organisiert ist, sehr unterschiedlich ist. In diesem

Fall sind nämlich Mitarbeiter eines der beiden Unternehmen an umfangreiche Gestaltungsspielräume gewöhnt, die es in dem anderen Unternehmen in der Form nicht gibt.

Unterschiede können auch in der Ausgestaltung der Center-Strukturen bestehen. So kann es Unterschiede hinsichtlich der Stellhebel geben, die den Einheiten zur Verfügung gestellt werden. Obschon Profit-Center Strukturen damit auf dem Papier identisch sein können, kann es etwa Unterschiede darin geben, inwieweit die Center selber Absatzpreise fixieren oder aber ohne Restriktionen an den externen Markt gehen können. Profit-Center ist nicht immer mit echter Gewinn- und Kostenverantwortung gleichzusetzen. Treffen dann im Zuge von Post-Merger-Integrationen echte Profit-Center Verantwortliche, die beide Seiten der Gewinn & Verlustrechnung aktiv verantworten, auf PC-Verantwortliche, die aufgrund fixierter Absatzpreise faktisch vor allem nur Kostenverantwortlich sind, erhöhen sich die Struktur-Risiken.

Unterschiede bei der Entlohnung erschweren die Zusammenführung

Ähnlich der Unterschiede im Zentralisierungsgrad erhöhen auch unterschiedliche Entlohnungssysteme die Struktur-Risiken. Risiken aufgrund unterschiedlicher Entlohnung können dabei grundsätzlich in drei Teilbereichen auftreten:

- **Entlohnungsniveau**
  Risiken aufgrund von Unterschieden im absoluten Entlohnungsniveau hängen nicht nur von der Branchenzugehörigkeit und der finanziellen Leistungsfähigkeit der Unternehmen, sondern auch von der Unternehmensgröße ab. So gilt oftmals, dass Großunternehmen im Vergleich zu Klein- und mittelständischen Unternehmen höhere Löhne zahlen.

- **Entlohnungsstruktur**
  Risiken können sich auch aus der Struktur der Entlohnung, insbesondere aus der Verteilung von fixen und variablen Gehaltsbestandteilen,

ergeben. Unterschiede beim Anteil leistungsabhängiger Komponenten an der Gesamtentlohnung stellen sich zum Beispiel auch bei grenzüberschreitenden Unternehmenszusammenschlüssen. Beträgt etwa das fixe Grundgehalt von Vorständen im Durchschnitt der Dax-Unternehmen rund ein Drittel der Gesamtvergütung so sind es in den USA nur circa 20 Prozent, in Großbritannien 40 Prozent und in den Niederlanden über 50 Prozent. Länderspezifische Post-Merger-Risiken können sich aber auch aus Unterschieden bei den eingesetzten Entlohnungsinstrumenten ergeben. So sind etwa Aktienprogramme als Entlohnungsinstrument bei anglo-amerikanischen Unternehmen grundsätzlich weiter verbreitet als etwa bei deutschen Unternehmen.

- **Bemessungsgrundlage**
  Unterschiede zwischen den Unternehmen können auch die Metriken betreffen, die der variablen Entlohnung zugrunde gelegt werden. Divergenzen kann es vor allem hinsichtlich Anzahl und Art von Kennzahlen geben, die zur Bemessung des variablen Gehaltsbestandteils führen. So kann der Anteil der variablen Entlohnung, der einerseits vom Erreichen von Unternehmenskennzahlen, wie etwa Umsatzentwicklung oder Gewinn, und andererseits vom Erreichen individueller Ziele abhängig ist, sehr verschieden sein.

Für alle drei Teilbereiche gilt: Unterschiede in der Entlohnung bedingen Unterschiede im Selbstverständnis und der Motivationsstruktur von Führungskräften und Mitarbeitern. Je wirkungsvoller die Incentivierung durch Entlohnung in der Vergangenheit gewesen ist – also je besser die Entlohnungssysteme vormals das Mitarbeiterverhalten auf die Unternehmensziele hin ausgerichtet haben – desto schwieriger ist es, divergierende Motivations- und Verhaltensstrukturen im neuen, gemeinsamen Unternehmen zu harmonisieren. Erfolge der Vergangenheit werden dann zu Mühlsteinen der Zukunft. Je größer die Unterschiede bei der Entlohnung desto größer die Struktur-Risiken.

2.2 Heterogene Geschäftsprozesse

Neben Aufbau- und Führungsunterschieden beeinflussen auch Unterschiede in den Geschäftsprozessen das Struktur-Risiko. Strukturelle Unterschiede in wesentlichen Geschäftsabläufen spiegeln dabei in der Regel auch Unterschiede in den Markt- und Geschäftsanforderungen der Unternehmen wider. Hierbei sind es vor allem zwei Faktoren, die regelmäßig zu Prozessunterschieden zwischen Unternehmen führen:

- **Divergierende Produkt-Marktausrichtung** aufgrund unterschiedlicher Schwerpunkte bei Produkten, Kundengruppen oder Vertriebsregionen

- **Heterogene Wertschöpfung** aufgrund unterschiedlicher Tiefe von Unternehmensaktivitäten

Unterschiede in der Produkt-Marktausrichtung erschweren die strukturelle Verzahnung

Die Umsetzung der Integration auf Ebene der operativen Geschäftsprozesse ist die Nagelprobe jeder Firmenehe. Denn nur wenn es gelingt, Kernprozesse wie Marktbearbeitung, Auftragsabwicklung, Leistungserstellung, Rechnungslegung und Kundenbetreuung leistungsfähig zu verzahnen, funktioniert das neue Unternehmen auch im Geschäftsalltag. Bestehen in wesentlichen Kernprozessen große Unterschiede zwischen den Unternehmen, so erhöht dies den Harmonisierungsbedarf bei Post Merger Integration. Wie groß die Unterschiede in den operativen Geschäftsprozessen zwischen den Unternehmen sind, hängt dabei vor allem von Unterschieden in der Produkt-Marktausrichtung ab. Je größer die Unterschiede bei Produkten, Kundengruppen oder aber Vertriebsregionen, desto weniger lassen sich bestehende Prozesse in das neue Unternehmen übernehmen. Im Falle großer Unterschiede in der Produkt-Marktausrichtung müssen die bestehenden Geschäftsprozesse im Zuge der Integration mitunter völlig neu definiert werden. Ein zeitaufwendiger und iterativer Arbeitsprozess, der unter anderem folgende Aktivitäten umfassen kann:

- **Grobaufnahme Ist-Prozesse**
  Qualitative Beschreibung (Regelfall, Abweichung)
  Grobdimensionierung (Durchlaufzeiten, Kosten)
  Grobbewertung (Ähnlichkeiten, Unterschiede, Schwachstellen)
  Priorisierung für Detailaufnahme

- **Detailaufnahme Ist-Prozesse**
  Qualitative Detailbeschreibung (Kern-/Teilaktivitäten, Organisationseinheiten)
  Quantitatives Mengengerüst (Mannjahre, Kosten, Durchlaufzeiten, EDV-Unterstützung und Tool-Support)
  Detailbewertung
  Handlungsbedarfe für Soll-Prozess Entwicklung

- **Entwicklung Soll-Prozesse**
  Entwicklung Soll-Konzept (Zero based, Benchmarking, Best Practices)
  Qualitative Beschreibung (Kern-/Teilaktivitäten, Organisationseinheiten)
  Quantitative Beschreibung (Durchlaufzeiten, Ressourcen)
  Definition von EDV-Unterstützung und Tool-Support
  Abgleich und Modifikation Aufbauorganisation

- **Implementierung**
  Pilotversuch
  Prozessverfeinerung/-adjustierung

Wie diese nicht abschließende Liste illustrativer Arbeitsschritte zeigt, ist die Neuentwicklung von Geschäftsprozessen nicht nur zeitaufwendig, sondern auch mit hoher Komplexität verbunden. Allerdings ist Komplexität nicht das einzige Risiko bei der Neuerarbeitung von Unternehmensprozessen. Eine Komplettüberarbeitung von Geschäftsprozessen führt regelmäßig zu einer operativen Test-Situation in der die Leistungsfähigkeit der neu gestalteten Prozesse zunächst nur auf dem Papier steht. Dies zu einem Zeitpunkt, in dem sich die Unternehmen aufgrund einer Mergersituation ohnehin in einem labilen Allgemeinzustand befinden. Je größer aufgrund heterogener Produkt-Marktausrichtung die Notwendigkeit zur Implementierung neuer Geschäftsprozesse, desto größer die Struktur-Risiken.

Heterogene Wertschöpfung wirft Fragen nach dem richtigen Outsourcinggrad auf

Unterschiede in der Wertschöpfung sind Ausdruck dafür, dass sich die Unternehmen in ihrem Portfolio an Geschäftsprozessen strukturell unterscheiden. Wie bei Unterschieden in der Produkt-Marktausrichtung besteht auch bei heterogener Wertschöpfung im Zuge der Post Merger Integration Harmonisierungsbedarf. Anders als bei divergierender Produkt-Marktausrichtung ist hier das Schlagwort jedoch *Make-or-Buy*. Dann stellt sich regelmäßig die Frage danach, inwieweit Vorteile durch Auslagerung von Aktivitäten bzw. durch selbständiges Durchführen innerhalb des Unternehmens realisiert werden können. Diese Fragestellung besitzt strategischen Charakter, ist in aller Regel schlecht strukturiert und mit hoher Entscheidungsunsicherheit verbunden. Ganz gleich, ob die Entscheidung in Richtung stärkerem Insourcing oder aber Outsourcing fällt, in jedem Fall machen Unterschiede in der Wertschöpfungstiefe Reorganisationsmaßnahmen erforderlich. Denn entweder müssen Strukturen und Abläufe für ehemals ausgelagerte Aktivitäten intern neu aufgebaut oder aber im Falle eines Outsourcings entsprechend ausgelagert werden. Dabei gilt: Je größer die Unterschiede in der Wertschöpfung, desto größer die Reorganisationserfordernisse und damit die Struktur-Risiken.

FAZIT: **Die Struktur-Risiken einer Post Merger Integration sind umso höher, je größer die Unterschiede zwischen den Unternehmen bei Aufbau- und Führungsorganisation und Geschäftsabläufen sind.**

Fallbeispiel: Salzgitter Mannesmann Precision GmbH

PMI-Strukturen richtig aufsetzen ist der Schlüssel zum Erfolg

Die Salzgitter Mannesmann Precision GmbH (SMP), in der die Salzgitter AG ihre Präzisrohr-Aktivitäten in Deutschland, Holland, Frankreich und Mexiko gebündelt hat, ist führender europäischer Hersteller von kaltgezogenen nahtlosen und geschweißten Präzisionsstahlrohren. Sie bietet maßgeschneiderte Lösungen für Automobilbau, Industrie und Energiebranche an.

Herr Roger Menneking war bis 2013 CFO der Salzgitter Mannesmann Precision-Gruppe und ist jetzt für den Merger der Leitungsrohrgesellschaften der Salzgitter-Gruppe zuständig. Vor seiner Tätigkeit bei SMP hat Herr Menneking an mehr als einem Dutzend Akquisitionen mit anschließender PMI in verschiedenen deutschen Konzernen mitgewirkt.

Wie hat sich Ihrer Meinung nach der Umgang mit dem Thema PMI in den letzten Jahren verändert?

PMI-relevante Maßnahmen kamen in der Vergangenheit erst nach dem Erwerb eines Zielobjektes zum Einsatz. Heute dagegen finden die Evaluierung der Synergiepotenziale sowie die Identifikation möglicher Risiken bereits unmittelbar bei den ersten Kontakten statt. Zudem hat man die Bedeutung des Einsatzes von PMI-Strategien erkannt und geht das Thema viel systematischer an. Als ich im Jahr 1993 noch am Anfang meiner Karriere stand, hieß es meist erst nach dem Erwerb: „Wer will diesen Job überhaupt machen?", so dass das operative Handeln dann jeden systematischen Ansatz überdeckte.

Worin sehen Sie die Gründe dafür?

Es gab wenig Spezialisten und PMI wurde ganz nebenbei betrieben. So habe ich mich beispielsweise beim Neuaufbau eines 1994 erworbenen belgischen Unternehmens parallel zu meiner Tätigkeit als Leiter des Stabes und Chef einer Osteuropa-Trading-Abteilung ebenfalls um die Integration gekümmert. Dabei waren die Aufgabenbereiche sehr breit gestreut. Von der Frage, mit welchen Maschinen gearbeitet werden soll, bis hin zur Einführung der Buchhaltungs-Software fiel alles an. Und trotz der Tatsache, dass die Firma vier Jahre später wieder veräußert wurde, würde ich auch aus heutiger Sicht nicht von einer gescheiterten PMI sprechen. Wichtig war in diesem Zusammenhang die Erkenntnis, dass PMI – um es mit den Worten Goethes auszudrücken – nicht „eines Mannes Werk" sein kann, sondern eines ganzen Teams von Experten bedarf.

Inzwischen scheint die Bedeutung von PMI überall erkannt zu sein. Wie hat sich das auf Ihre Arbeit ausgewirkt?

Die Integration eines Akquisitionsobjektes kann viele Risiken mit sich bringen. Und das hat sich ungefähr seit der Jahrtausendwende herumgesprochen. So fing man in beiden Konzernen, für die ich in dieser Zeit tätig war, damit an, eine Art Integrations-Check-Plan zu entwickeln, der dann wie nach einem Lehrbuch systematisch Punkt für Punkt abgearbeitet wurde. Zwar gingen die Verantwortlichen damals sehr sachobjektiviert an ihre Aufgaben heran, doch unterschätzten sie dabei die Bedeutung soziokultureller Faktoren wie Unternehmensphilosophie oder etwa vorhandene Personalstrukturen.

Was ist Ihr Resümee aus diesen Veränderungen?

Rückblickend lässt sich feststellen: Eine Integration, bei der das Management des Targets nicht durch Führungskräfte des Buyers ergänzt oder komplett ausgetauscht wurde, war im Regelfall zum Scheitern verurteilt. Nur der konsequente Einsatz von „in der (Konzern-)Wolle gefärbten" Managern kann garantieren, dass das Koordinatensystem eines Unternehmens nach seiner Übernahme auch entsprechend neu ausgerichtet wird. Dies gilt auch bei einem „Merger under Equals". Ich halte es für einen unverzeihlichen Fehler, wenn nicht sofort und zeitnah als Korsettstange mindestens ein halbes Dutzend Führungskräfte des stärkeren Partners im anderen Unternehmen wichtige Funktionen übernehmen.

Der richtige Transfer von Führungskräften ist für Sie also eine der wesentlichen Bestandteile einer PMI-Strategie?

Natürlich ist der Transfer von Führungskräften alleine noch keine Erfolgsgarantie. Wie eine Integration trotzdem scheitern kann, verdeutlicht ein mir bekanntes Beispiel: So wurden bei einem seinerzeit von der Treuhand übernommenen Unternehmen acht Manager sowie drei Geschäftsführer aus zwei namhaften westdeutschen Großkonzernen in die damals sehr homogene Belegschaft eines Ex-VEBs an wichtigen Stellen eingebracht. Abgesehen von den ohnehin existierenden gravierenden soziokulturellen Unterschieden führte der Korpsgeist der neuen Führungskräfte dazu, dass sie dauerhaft als Fremdkörper wahrgenommen wurden. Und zwar nicht nur in ihrer neuen Umgebung, sondern auch von den Gesellschaftern, die die Funktionsweise des erworbenen Unternehmens überhaupt nicht verstanden. Das Desaster war vorprogrammiert: Sechs Jahre nach der Übernahme und zwei Gesellschafterwechsel später gab es das Unternehmen nicht mehr.

Wie gingen Sie mit dem Thema PMI bei SMP um?

Als kaufmännischer Geschäftsführer der SMP-Gruppe mit fünf Unternehmen in drei Ländern auf zwei Kontinenten habe ich natürlich zahlreiche unterschiedliche PMI-Erfahrungen gemacht. Und genau deshalb hatten wir einige goldene Regeln aufgestellt, die uns halfen, häufig gemachte Fehler zu vermeiden und PMI-Risiken auf ein Minimum zu reduzieren. Dazu zählen eine vorausschauende Planung der PMI, die damit verbundene Ausarbeitung detaillierter Integrationspläne sowie der bereits erwähnte rechtzeitige Transfer von Managementkapazitäten in die erworbene Gesellschaft. Wichtig sind in diesem Kontext auch die Persönlichkeiten der wesentlichen handelnden Personen. Deshalb fanden auch mehrtägige interkulturelle Seminare für alle Verantwortungsträger statt. Last but not least haben wir nach der Übergangslösung einer gesellschaftsübergreifenden Matrixorganisation nach drei Jahren eine einheitliche Unternehmensorganisation mit hierarchischer Struktur geschaffen.

Wie erfolgreich sind Sie mit der von Ihnen konzipierten Vorgehensweise?

Trotz unserer sehr strukturierten Vorgehensweise wurden auch wir immer wieder mit endogenen Schwierigkeiten konfrontiert, die nur schwerlich im Vorfeld zu erkennen waren. Um eine einheitliche Führung zu gewährleisten, haben wir frühzeitig entschieden, eine einheitliche IT-Struktur länderübergreifend einzuführen; bis diese aber vorhanden war hat es schließlich fast vier Jahre gedauert. Ferner akzeptierten wir zu lange nationale Eigenheiten. Die Unterschiede zwischen einem Buyer und einem Target zu kennen und sie zu akzeptieren ist eine Sache, sie zu überwinden eine ganz andere. Diese Aufgabe kann meiner Meinung nach keine PMI leisten, da sich insbesondere eine „friendly avoidance" nicht einfach verbieten lässt. Letztendlich findet nur in der Tagesarbeit ein Zurechtschleifen statt und das sollte nach einer Übergangsphase zeitnah geschehen.

3 People-Risiken

Post-Merger-Risiken, die ihren Ursprung in Personen haben, lassen sich als Mitarbeiter- oder People-Risiken charakterisieren. Sie bilden die dritte Klasse von Post Merger Risiken. People-Risiken zeichnen sich durch eine große Vielfalt möglicher Erscheinungsformen aus. Abnehmende Identifikation mit dem Unternehmen, verringertes Engagement und Leistungsbereitschaft, erhöhte Abwanderungsneigung und Fluktuationsraten sind nur einige Beispiele für People-Risiken. Unsere Befunde belegen, dass keine Hierarchieebene in den Unternehmen frei ist von personellen Widerständen gegen die Integration. Post-Merger-Integrationen werden durch Widerstände auf allen Hierarchieebenen behindert; von der Geschäftsführung über die Ebene der Führungskräfte hin bis zu den Mitarbeitern.

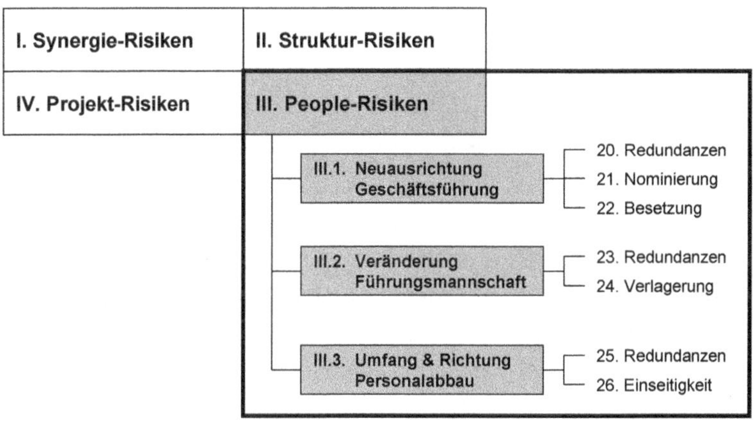

Abb. 17: People-Risiken

Mehr als die Hälfte aller Integrationen (52 Prozent) sind mit mindestens moderaten Willensbarrieren des Top-Managements konfrontiert. Rund jede zehnte Integration (11 Prozent) muss sogar gegen sehr hohe Willensbarrieren des Top-Managements kämpfen. Im Gegensatz dazu zeigen weniger als ein Drittel der Integrationen (29 Prozent) Willensbarrieren des operativen Managements. In keiner der untersuchten Integrationen treten

Willensbarrieren des Middle-Managements auf sehr hohem Ausprägungsniveau auf. So paradox es klingen mag: Das Top-Management steht also in der Regel der Integration viel ablehnender gegenüber als das Middle-Management. Nur in 13 Prozent der untersuchten Integrationen waren die Management-Teams uneingeschränkt zur Zusammenarbeit bereit. In der Regel steht das Management der Integration ablehnend gegenüber und stellt sich quer. Auch auf der Ebene des Managements verfliegt demnach rasch, nach der Vertragsunterzeichnung, die Champagnerlaune. Katerstimmung macht sich breit.

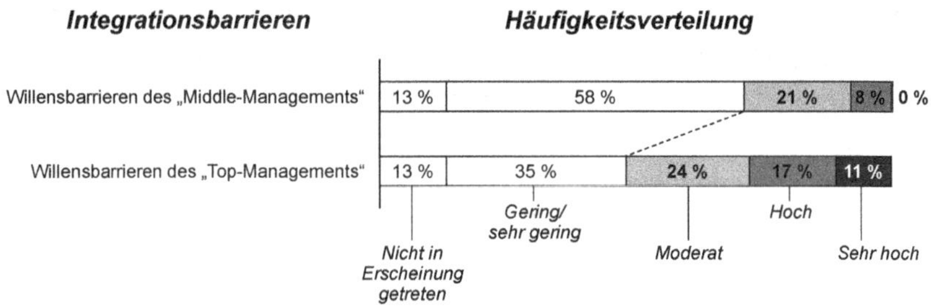

Abb. 18: Ausprägung der Integrationsbarriere „Nicht Wollen"

Ein Hauptgrund für die Spannungszustände auf Seiten der Führungskräfte und Mitarbeiter ist vor allem die Unsicherheit über die eigene Zukunft: Behalte ich meinen Arbeitsplatz? Bleibt der Standort erhalten, an dem ich beschäftigt bin? Müssen ich und meine Familie eventuell umziehen? Sind meine Position und mein Status, für den ich lange Jahre hart gearbeitet habe, bedroht? Wie verändert sich mein geplanter Karriereweg? Werde ich genau so viel verdienen wir bisher, oder muss ich Gehaltseinbußen hinnehmen? Wer ist mein neuer Chef? Wer sind meine neuen Kollegen, wer meine neuen Mitarbeiter? Welche zusätzlichen Aufgaben muss ich zukünftig bewältigen? Wie kann ich die Fülle an neuen Aufgaben überhaupt bewältigen? Aus all diesen dringenden Fragen resultiert die Neigung, an Altbekanntem festzuhalten und sich Veränderungen in den Weg zu stellen – und zwar auf allen Hierarchieebenen.

3.1 Neuausrichtung Geschäftsführung

Redundanzen auf der Top-Management-Ebene erhöhen den Widerstand gegen die Integration

Firmenzusammenschlüsse werden vor allem auch durch Widerstände auf Ebene der Geschäftsführungen behindert. Sind es doch gerade die Mitglieder der obersten Führungsebenen, für die bei Unternehmenszusammenschlüssen besonders viel auf dem Spiel steht – denn zwei CEOs oder zwei CFOs sind in der Regel doch einer zu viel. Treiber der People-Risiken auf Ebene der Geschäftsführungen ist das Ausmaß redundanter Geschäftsführungspositionen. Dabei zeigen sich zwei kontroverse Muster personeller Widerstände: erstens das freiwillige Ausscheiden von Geschäftsführungsmitgliedern, zweitens vehemente Positionskämpfe, die mit nahezu allen Mitteln durchgefochten werden. In ihrer schwächeren Form führen Positionskämpfe dann etwa dazu, dass die Bereitschaft zur Weitergabe korrekter Informationen abnimmt, oder aber, dass Entscheidungen bewusst zeitlich verzögert werden. Die so gewonnene Zeit wird dann gezielt zur Festigung der eigenen Machtposition genutzt. In ihrer schärfsten Form können Machtkämpfe auch zu bewusster Fehlinformation oder gezielten Fehlentscheidungen oder gar zur Sabotage führen. Eigeninteresse geht dann vor Unternehmensinteresse. Die Principal-Agent-Problematik verschärft sich bei Post-Merger-Integrationen mit dem Umfang der Geschäftsführungsredundanzen. Je größer die Redundanzen auf Geschäftsführungsebene desto größer die Zieldivergenz zwischen Management und Unternehmen und desto größer das People-Risiko.

Nominierung der neuen Geschäftsführung erhöht das People-Risiko

Der personelle Nominierungsprozess an der Unternehmensspitze ist aber auch in Bezug auf den zeitlichen Ablauf kritisch. Solange die neue Geschäftsführung nicht offiziell nominiert ist, treibt das Schiff gewissermaßen führerlos durchs Meer. Sind doch bis zur offiziellen Nominierung nicht nur die Verantwortlichkeiten und Zuständigkeiten auf Ebene der Geschäftsführungen, sondern auch auf den nachfolgenden Ebenen zunächst ungewiss. Erst wenn die neue Führungscrew bekannt ist, kann die Post Merger Integration schrittweise Fahrt aufnehmen. Zudem blüht die Gerüchteküche, solange die Nominierung der neuen Geschäftsführung offiziell noch nicht bekannt gegeben worden ist. Auch Führungskräfte nachgelagerter Hierarchieebenen können dann mitunter noch stärker über das eigene berufliche Fortkommen verunsichert sein und sich verstärkt mit Abwanderungsgedanken tragen. Eine verzögerte Nominierung der Geschäftsführung kann damit auch auf nachgelagerten Managementebenen zum Brain-Drain, also zur ungewollten Abwanderung von Leistungsträgern, führen. Nicht zuletzt sind Post-Merger-Integrationen auch ein gefundenes Fressen für Headhunter, die dann ganz gezielt Kernmitarbeiter für den Wettbewerber abwerben. Das Zeitfenster zwischen Bekanntwerden des Firmenzusammenschluss und der Nominierung der Geschäftsführungen ist daher besonders riskant. Entscheidend für die Risikobeurteilung ist dabei allerdings nicht so sehr der offizielle Ankündigungstermin eines Zusammenschlusses in der Presse, sondern der Zeitpunkt, an dem die ersten Gerüchte über einen bevorstehenden Zusammenschluss erstmalig kursieren. Ab dann läuft nämlich die Uhr für die Nominierung der neuen Geschäftsführungen. Je mehr Zeit zwischen den ersten Gerüchten und der offiziellen Nominierung der neuen Geschäftsführung verstreicht, desto größer das People-Risiko.

Externe Neubesetzungen sind mit zahlreichen Gefahren verbunden

Die personelle Verstärkung der Geschäftsführungsebene durch externe Führungskräfte kann unterschiedliche Ausprägungen annehmen. Einerseits können externe Führungskräfte in Form eines Coaching Ansatzes in das Unternehmen eingebracht werden. Die entsandten Führungskräfte übernehmen dann lediglich eine beratende Funktion, das operative Ruder bleibt in der Hand des Managements vor Ort. Ein Ansatz, der häufig auch von Finanz-Investoren angewendet wird, um die Kontrolle über die erworbenen Unternehmen zu intensivieren und gezielt Verbesserungsmaßnahmen zu initiieren, ohne das Management vor Ort aus der operativen Verantwortung zu entlassen. Ein Ansatz, bei dem es mitunter zu einer *Wasch-mich-aber-mach-mich-nicht-nass* Problematik kommen kann. Die Coaches fordern mehr oder weniger aggressive Verbesserungsmaßnahmen ein, für deren Umsetzung – auch im Falle des Scheiterns – dann aber die operative Geschäftsführung den Kopf hinhalten muss. Ein Coaching Ansatz birgt das Risiko, dass die Verantwortlichkeiten in der Linienorganisation verschwimmen und Mitarbeiter in Folge paralleler Kommunikations- und Anweisungskanäle zu Dienern zweier Herren werden. Je stärker der Coach themen- bzw. projektbezogen agiert und dabei etablierte Hierarchien und Linienzuständigkeiten kreuzt, desto größer die People-Risiken.

Im Gegensatz zu einem Coaching Ansatz können auch externe Führungskräfte bei der personellen Neubesetzung von Geschäftsführungspositionen eine wichtige Rolle spielen. Externe Führungskräfte übernehmen dann nicht nur eine beratende Funktion, sondern übernehmen als Teil der Linienorganisation operative Geschäftsverantwortung. Dies erfolgt zum Beispiel häufig dann, wenn eine angespannte Finanzsituation vor allem Folge von Managementfehlern ist und die Qualität der Geschäftsführung durch externe Neubesetzung verbessert werden soll. Ein Unterfangen mit zahlreichen Risiken, das sich mit einem Fallschirmabsprung hinter feindlichen Linien vergleichen lässt, da das alte Management häufig mit Ablehnung reagiert. Häufig sind dann alte Fehden ehemaliger Kontrahenten schnell vergessen, wenn es darum geht, sich im Kampf gegen den *Neuen* zu verbünden. Externe Besetzungen der Geschäftsführungen erhöhen daher auch bei Post-Merger-Integrationen die People-Risiken.

3.2 Veränderung Führungsmannschaft

Umfangreiche Management-Redundanzen erhöhen den Veränderungsdruck auf Führungskräfte

Auch im Hinblick auf nachgelagerte Führungsebene gilt, dass das People-Risiko maßgeblich vom Umfang der Redundanzen beeinflusst wird. Je größer der Anteil überflüssiger Managementpositionen desto größer das People-Risiko. Im Extremfall eines Merger-of-Equals können mitunter sämtliche Führungspositionen doppelt besetzt sein. Es geht dann nicht um die Besetzung von ein paar, einzelnen Managementpositionen, sondern vielmehr um eine flächendeckende Neubesetzung der gesamten Führungsmannschaft. Anders als auf Ebene der Geschäftsführung muss bei der Neubesetzung ganzer Führungsebenen ein strukturierter Bewertungs- und Auswahlprozess aufgesetzt werden, der verschiedene Managementebenen kaskadenartig durchläuft. Dieser Prozess startet damit, dass die neue Geschäftsführung die nachfolgende Management-Ebene benennt. Ist diese vollständig besetzt, benennt diese ihrerseits die Führungskräfte der nächst niedrigeren Hierachieebene usw. Ein Prozess, der an sich schon voller personalpolitischer Stolperfallen und Tretminen ist und mitunter schmerzhafte personalpolitische Entscheidungen bedingt. Hinzu kommt, dass nur wenige Unternehmen bei einer solch großzahligen Auswahl und Benennung von Führungskräften überhaupt Erfahrungswerte und geeignete Instrumente besitzen. Vielfach handelt es sich um das berühmte erste Mal, bei dem dann personalpolitische Fallstricke oftmals mit handwerklichen Fehlern einhergehen. Eine explosive Mischung, die das People-Risiko erhöht.

Stellenverlagerungen erhöhen den Widerstand auf Ebene des mittleren Managements

Auf nachgelagerten Führungsebenen sind es aber nicht nur Redundanzen, die das People-Risiko nach oben treiben. Hinzu kommen auch noch Risiken aufgrund räumlicher Stellenverlagerungen. Hierbei paaren sich regelmäßig neue berufliche mit neuen privaten Herausforderungen. Während auf Ebene des Top-Managements wechselnde regionale Einsatzorte häufig bekannter Bestandteil der Karriereentwicklung sind, das Top-Management deshalb also typischerweise über eine hohe regionale Flexibilität verfügt, zeigt sich auf mittleren Führungsebenen ein anderes Bild. Häufig hat sich die Karriere hier an einem oder aber an einigen wenigen Standorten, meist in regionaler Nähe, entwickelt; die Verweildauer an ein und demselben Standort ist bei mittleren Hierarchieebenen im Vergleich zum Top-Management deutlich höher. Dies findet zumeist auch Ausdruck in einem sehr viel stärker regional fixierten privaten Lebensumfeld. Kommt es dann im Zuge von Firmenzusammenschlüssen zur räumlichen Verlagerung von Stellen, bedeutet dies dann in der Regel unmittelbar auch eine neue, unbekannte Herausforderung für das private Umfeld. Etwa dann, wenn beispielsweise die Führungskraft unter der Woche am neuen Firmenstandort arbeitet und nur am Wochenende am Heimatort sein kann. Stellenverlagerungen sind häufig mit privaten Veränderungen und persönlichen Risiken verbunden, auf die vor allem Führungskräfte mittlerer Ebenen mit Ablehnung und Widerstand reagieren.

3.3 Umfang und Richtung Personalabbau

Was auf Ebene von Geschäftsleitung und Führungsmannschaft gilt, gilt dem Grundsatz nach auch für die Belegschaft insgesamt: Je größer der Anteil der Redundanzen und damit die Gefahr, den eigenen Arbeitsplatz zu verlieren, desto größer der Widerstand gegen die Post Merger Integration. Das Risiko steigt also auch auf Ebene der Mitarbeiter mit dem Ausmaß an Redundanzen.

Aber es ist nicht nur alleine das Ausmaß des Stellenabbaus, das Mitarbeiterwiderstände bei Post-Merger-Integrationen vergrößert. Vielmehr geht es auch um die Ausgewogenheit des Stellenabbaus zwischen Käufer und Targetunternehmen. Erfolgt der Personalabbau nämlich mit einseitiger Tendenz, egal ob auf Kosten oder zu Gunsten des Käuferunternehmens, so ist das Entstehen einer Gewinner-Verlierer-Mentalität in der Belegschaft vorprogrammiert. Insbesondere die Mitarbeiter der Seite, die vermeintlich mehr personelle Opfer erbringt, reagieren dann mit Ablehnung und Widerstand. Mit dem Erstarken einer Gewinner-Verlierer-Mentalität in Folge unbalancierten Stellenabbaus steigt das People-Risiko.

Dies ist insbesondere dann eine Gefahr, wenn mit der Firmenintegration Synergien durch Know-how-Transfer angestrebt wird. Denn ohne grundsätzliche Bereitschaft zur Zusammenarbeit kein Austausch von Know-how. Eine erstarkende Gewinner-Verlierer-Mentalität erstickt Know-how-Austausch zwischen den Mitarbeitern bereits im Keim. Bei einem ungleichgewichteten Stellenabbau stellt sich dann nämlich bei den vermeintlichen Verlieren die Frage, warum man den Gewinnern dann auch noch das letzte Hemd in Form personengebundenen, impliziten Know-hows geben sollte. Ist der Goodwill zur Zusammenarbeit erst einmal zerstört, helfen auch keine drakonischen Maßnahmen, um den Know-how-Transfer zu forcieren. Je deutlicher die Ungleichgewichtung des Stellenabbaus, desto größer die People-Risiken.

FAZIT: **Die People-Risiken bei Post Merger Integrationen sind auf sämtlichen Hierarchieebenen umso größer, je größer die Redundanzen sind. Ferner erhöhen zeitverzögerte und externe Stellenbesetzungen sowie räumliche Stellenverlagerungen ebenso die Mitarbeiter-Risiken wie ein einseitiger Stellenabbau.**

Fallbeispiel: K+S AG

PMI-Planung: Jede Integration eine Geschichte für sich

Die K+S AG ist Produzent und Anbieter von Standard- und Spezialdüngemitteln. Gemessen an der Produktionskapazität ist K+S im Salzgeschäft mit Standorten in Europa sowie Nord- und Südamerika der führende Hersteller der Welt. K+S bietet ein umfassendes Leistungsangebot für Landwirtschaft, Industrie und private Verbraucher, das in nahezu allen Bereichen des täglichen Lebens Grundlagen für Wachstum schafft. Weltweit beschäftigt die K+S Gruppe mehr als 15.000 Mitarbeiter und erzielte im Jahre 2009 einen Umsatz von rund 3,6 Mrd. €. K+S ist der einzige Rohstoffwert im deutschen Aktienindex DAX.

Frau Alexa Hergenroether war von 2006 bis 2012 Leiterin Corporate Development/M&A bei K+S.

K+S hat in der Vergangenheit reichlich Erfahrungen mit Post-Merger-Integrationsprozessen gesammelt. Lassen sich aus Ihrer Erfahrung feste Regeln ableiten?

Viele standardisierte PMI-Konzepte basieren auf Maximen wie „Geschwindigkeit ist Trumpf" oder „Die ersten 100 Tage zählen – was ich dann nicht umgesetzt habe, werde ich in der Folge nicht mehr durchsetzen können". Diese Ansätze halte ich persönlich eindeutig für zu kurz gedacht, denn jede Akquisition ist eine Geschichte für sich und benötigt deshalb eine ganz individuelle Betrachtung. Wir haben im Laufe der Jahre Folgendes gelernt: Am Anfang einer PMI-Planung muss immer die Identifikation der kritischen Erfolgsfaktoren stehen. Das ist unsere Grundregel. Erst daraus lassen sich alle weiteren erforderlichen Maßnahmen ableiten und priorisieren.

Akquirierende Unternehmen begründen ihre Transaktionen oftmals mit dem vorhandenen Synergiepotenzial. Bei PMI-Prozessen geht es somit immer auch um die Planung und Realisierung von Synergien. Welche Strategien wurden hinsichtlich dieses Themas bei K+S entwickelt?

Auf Basis unserer Erfahrungen kann ich da eigentlich nur den Rat geben, bei der Berücksichtigung von Synergiepotenzialen im Business Case eher konservativ heranzugehen. Denn jede auch noch so intensive Due Diligence liefert keine ausreichende Basis für die Bewertung der tatsächlichen Synergiepotenziale. Auf jeden Fall empfiehlt es sich, unmittelbar nach dem Closing ein Projekt in Angriff zu nehmen, das sich ausschließlich und sehr intensiv mit der Identifikation und Bewertung von Synergieeffekten beschäftigt. Auf diese Weise kann ein schlüssiger Implementierungsplan konzipiert werden, der als eine Art Leitfaden die Umsetzung aller notwendigen Maßnahmen steuert.

Ohne den richtigen Einsatz personeller Ressourcen sind selbst die besten PMI-Konzepte zum Scheitern verurteilt. Wie lassen sich hier Fehler vermeiden?

Die Belastungen, die auf die Bereiche Finance und Controlling des übernommenen Unternehmens gerade in der ersten heißen Phase nach dem Closing zukommen, werden oft unterschätzt. Denn jenseits der klassischen PMI-Themen gilt es, in einem meist engen Zeitfenster das Closing Statement sowie die Eröffnungsbilanz inklusive Purchase Price Allocation zu erstellen und die internen Berichtssysteme und Genehmigungsprozedere anzugleichen. Alle PMI-Zeitpläne drohen zur Makulatur zu werden, wenn dieser zusätzliche Aufwand ignoriert wird und daneben weitere Projekte aufgesetzt werden, die im selben Zeitfenster auf diese Einheiten zugreifen müssen. Die richtige Verteilung und Auslastung personeller Ressourcen kann aber auch dazu beitragen, die häufig im Anschluss von Akquisitionen zu beobachtende Unzufriedenheit sowohl beim Target als auch beim akquirierenden Unternehmen gar nicht erst aufkommen zu lassen.

Ein aus unserer Sicht ebenfalls sehr wichtiger Aspekt ist, dass die Person, die später für die Integration verantwortlich sein soll, möglichst von Anfang an in das Projektteam integriert sein sollte, denn nur so lässt sich sicherstellen, dass es zwischen der Akquisitionsphase und der Integrationsphase nicht zu unnötigen Informationsverlusten kommt.

Welchen Stellenwert spielt der Personaltransfer bei der Implementierung nachhaltiger PMI-Strategien?

Jeder PMI-Prozess wird begleitet von der Fragestellung und Diskussion, wer in den Schlüsselstellen des akquirierten Unternehmens in welcher Position zum Einsatz kommen soll. Häufig sind dann von Seiten des Käufers Klagen zu hören, dass eigentlich geeignete Mitarbeiter aus dem eigenen Haus wenig Motivation verspüren, in das Target-Unternehmen zu wechseln. Meiner Meinung nach basiert dieses Problem auf einem Fehler in der Wahrnehmung, weil in den Führungsetagen oft nur eindimensional gedacht wird. Schließlich darf der richtige Personaltransfer nicht als Einbahnstraße missverstanden werden. Eine nachhaltige PMI-Personalstrategie geht über die reine Kontrolle des akquirierten Unternehmens hinaus.

Was ist Ihre Empfehlung an dieser Stelle?

Wichtig für den Erfolg ist die Förderung einer Atmosphäre, die auf beiden Seiten ein Verständnis für das jeweils andere Unternehmen schafft. Daher empfehle ich den Austausch von Mitarbeitern auf allen Hierarchieebenen zwischen Käufer und Übernahmeobjekt. Diese können dann quasi als Botschafter und Multiplikatoren die Firmenphilosophie in beide Richtungen übersetzen und so mit dazu beitragen, eine neue und einheitliche Unternehmenskultur ins Leben zu rufen. So etwas darf als kritischer Erfolgsfaktor auf keinen Fall unterschätzt werden. Denn wenn die „Chemie“ stimmt, kann man als Team die unternehmerischen Herausforderungen besser bewältigen, die jede PMI-Strategie mit sich bringt.

4 Projekt-Risiken

Alleine die Zahlen sind beeindruckend: Die Integration von zwei Unternehmen entlang der gesamten Wertschöpfungskette hat rund 2.000 größere Veränderungen zur Folge und macht bis zu 10.000 Nicht-Routine-Entscheidungen erforderlich; also Entscheidungen bei denen das Management typischerweise nur geringe oder aber auch gar keine Erfahrungswerte besitzt. Diese Größenordnungen verdeutlichen eindrucksvoll, dass es sich bei Integrationen um hochkomplexe Aufgabenstellungen handelt, die im sonstigen Manageralltag ihresgleichen suchen. Integrationen können damit nicht im Rahmen einer bestehenden Linienorganisation mal so neben her erledigt werden. Erfolgreiches Integrationsmanagement muss in eine leistungsstarke Projektstruktur eingebettet werden.

Der Merger von **Daimler-Benz** und **Chrysler** illustriert die Herausforderungen im Zusammenhang mit Projekt-Risiken:

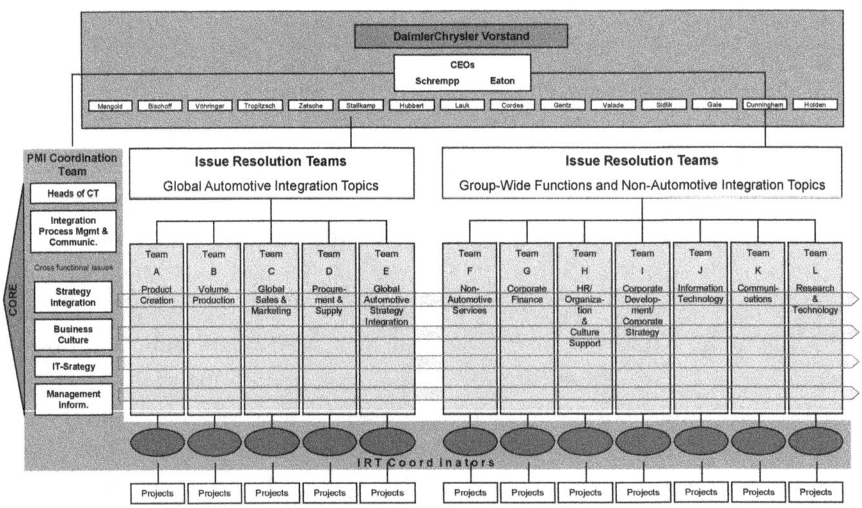

Abb. 19: Prinzipskizze der PMI-Organisation von DaimlerChrysler

(Quelle: In Anlehnung an Grube, R./Töpfer, A. (2002), Post Merger Integration – Erfolgsfaktoren für das Zusammenwachsen von Unternehmen, Stuttgart, S. 122)

Post-Merger-Risiken, die ihren Ursprung in einer mangelhaften projektseitigen Umsetzung haben, lassen sich als Projekt-Risiken charakterisieren. Selbst dann, wenn ein Firmenzusammenschluss keine Risiken hinsichtlich Synergien, Strukturen und Mitarbeitern aufweist, kann das Fehlen der entsprechenden projektseitigen Voraussetzungen doch schlussendlich zum Scheitern der Post Merger Integration führen. Sei dies, weil Know-how-Defizite bestehen oder aber Know-how-Träger nicht genug Zeit für das Integrationsprojekt aufwenden können.

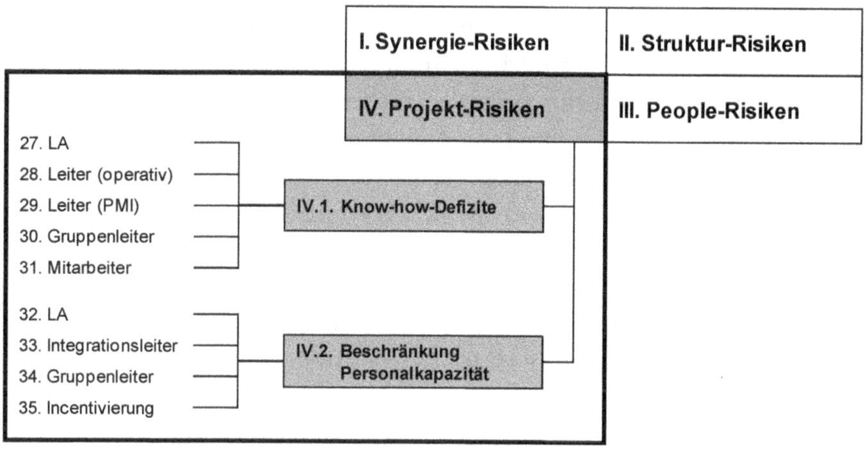

Abb. 20: Projekt-Risiken

4.1 Know-how-Defizite

Fehlendes Know-how des Lenkungsausschusses gefährdet die Überwachung und Steuerung der Umsetzung

Der Lenkungsausschuss als ranghöchstes Organ der Projektorganisation ist maßgeblich für die Steuerung und Überwachung der Umsetzung der Integration zuständig. Dies beinhaltet zum Beispiel die Benennung wesentlicher Verantwortlichkeiten im Rahmen der Projektorganisation, die

Fixierung einer übergreifenden Zeitschiene sowie die finale Freigabe von Maßnahmen zur Umsetzung. Den skizzierten Aufgaben kann der Lenkungsausschuss insbesondere dann nicht gerecht werden, wenn dessen Mitglieder nicht über ausreichende hierarchische Macht verfügen. Dann nämlich besteht das Risiko, dass die im Rahmen der Projektorganisation zur Implementierung freigegebenen Maßnahmen nicht reibungslos in der Linienorganisation umgesetzt werden kann. Dieses Projekt-Risiko besteht immer dann, wenn die Mitglieder des Lenkungsausschusses selbst nicht hoch genug in der Linienhierarchie aufgehängt sind. Entscheidungen, die vom Lenkungsausschuss im Rahmen des Integrationsprojekts getroffen werden, müssen dann nämlich noch einmal von ranghöheren Entscheidungsgremien der Linienorganisation rückbestätigt und freigegeben werden. Erfolgt die Freigabe durch die Verantwortlichen in der Linienorganisation dann nicht zügig, oder aber werden Nacharbeiten für eine Entscheidung der Linienverantwortlichen erforderlich, kommt es zwangsläufig zu einem Zeitverzug bei der Umsetzung des Integrationsprojekts.

Neben unzureichender hierarchischer Position wird das Projekt-Risiko auf Ebene des Lenkungsausschuss auch durch das Fehlen von Erfahrungswerten bei der Umsetzung komplexer organisatorischer Veränderungsprozesse beeinflusst. Verfügen die Mitglieder des Lenkungsausschusses nicht über entsprechende Erfahrungswerte, werden kritische Problembereiche der Umsetzung gar nicht oder aber erst zu spät adressiert. Mangelndes Know-how führt dazu, dass notwendige Arbeitsschritte nur fehlerhaft oder aber gar nicht durchlaufen werden. Die Entscheidungsqualität sinkt, das Fortschreiten der Umsetzung durchläuft zeitintensive Schleifen oder gerät vollends ins Stocken. Fehlendes Know-how erhöht daher die Projekt-Risiken.

Unsere Befunde belegen, dass vor allem auf Ebene des mittleren Managements oftmals Know-how-Defizite in Sachen PMI bestehen. Während immerhin 83 Prozent der Top-Manager – nach eigenen Aussagen – über Integrationserfahrung verfügen, sieht die Situation bei Führungskräften der zweiten und dritten Ebene dramatisch anders aus. Mit 53 Prozent besitzt jeder zweite Manager auf operative Ebene so gut wie gar keine Erfahrung bei Firmenintegrationen.

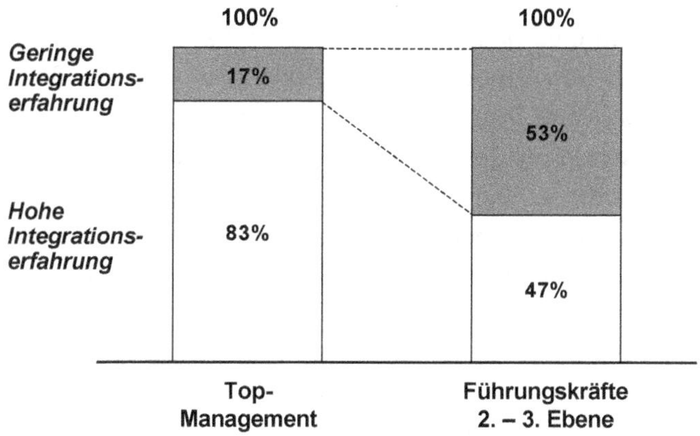

Abb. 21: Erfahrung des Managements mit Post-Merger-Integrationen

Geringe Erfahrung der Integrationsleitung treibt das Risiko nach oben

Anders als die übergreifende Steuerungsfunktion des Lenkungsausschusses übernimmt die Integrationsleitung das Projektmanagement im laufenden Tagesbetrieb. Die wichtigste Aufgabe der Integrationsleitung ist es, das synchrone Fortschreiten der verschiedenen Arbeitsstränge in den Projektgruppen entlang einer übergreifenden und einheitlichen Zeitschiene zu gewährleisten. Die Integrationsleitung ist damit insbesondere auch für das zeitgerechte Abarbeiten von Aufgabenstellungen durch die Projektgruppen verantwortlich. Hierzu kann die Integrationsleitung die Arbeitsgruppen zum Beispiel methodisch durch entsprechende Trainings oder aber durch Bereitstellung entsprechender Tools unterstützen. Eine weitere Kernaufgabe der Integrationsleitung besteht darin, den Integrationsplan mit zunehmendem Erkenntnisgewinn schrittweise zu detaillieren und auf dem neuesten Stand zu halten, sowie Umsetzungsstatus und eventuelle Planabweichungen zeitnah an den Lenkungsausschuss zu berichten.

Projekt-Risiken sind immer dann hoch, wenn die Integrationsleitung nicht ausreichend methodensicher ist; sie sich also im Projektmanagement von Post-Merger-Integrationen nicht ausreichend auskennt. Die Integrationsleitung kann dann ihre Rolle als Drehscheibe zwischen den Arbeitsgruppen einerseits und dem Lenkungsausschuss andererseits nur unzureichend wahrnehmen. Dies gilt vor allem auch im Hinblick darauf, wenn flexibel auf unvorhergesehene Ereignisse mit einem richtig temperierten Maßnahmeneinsatz geantwortet werden muss. Die Grundlage hierfür bildet eine fundierte und kenntnisreiche Einschätzung der Sachlage, die in aller Regel umfangreiche Erfahrungen mit der projektseitigen Umsetzung von Post-Merger-Integrationen erfordert. Fehlt dieser Erfahrungshintergrund, werden die falschen Instrumente ausgewählt oder aber die richtigen Instrumente (zeitlich) falsch eingesetzt. Zur Qualifikation der Integrationsleitung gehört es also, das Universum möglicher Integrationsmaßnahmen nicht nur zu kennen, sondern auch anwendungssicher zu beherrschen.

Methodenwissen allein reicht allerdings nicht aus, wenn die Integrationsleitung auch inhaltlicher Sparringspartner der Projektgruppen sein soll. Soll die Integrationsleitung auch die Arbeitsergebnisse der Projektgruppen auf Plausibilität und Umsetzbarkeit prüfen und etwa mit Hinweis auf eine entsprechende Überarbeitung zurück an die Projektgruppen delegieren, muss sie neben Methodensicherheit auch operatives Know-how besitzen. Fehlen ausreichende operative Kenntnisse, sinkt nicht nur die Akzeptanz sondern auch die Entscheidungsqualität und damit in Folge auch die Qualität der Integrationsumsetzung. Kann die Integrationsleitung aufgrund von Defiziten beim operativen Know-how ihre Rolle als Sparringspartner der Arbeitsgruppen inhaltlich nicht ausreichend wahrnehmen, steigt das Projekt-Risiko.

Unzureichendes Können ist ein massives Projekt-Risiko auf Ebene der Arbeitsgruppen

Die Teamstruktur im Rahmen eines Integrationsprojekts kann entsprechend der spezifischen Anforderungen sehr unterschiedlich ausgestaltet sein. Integrationsteams können nach Ländern und Regionen, Produktbereichen, Kundengruppen oder aber auch nach Funktionsbereichen gegliedert sein. Häufig treten auch Teams in Erscheinung, die Querschnittsthemen wie zum Beispiel Kommunikation und Change Management übernehmen. Die Struktur der Integrationsteams spiegelt also sowohl das Tätigkeitsfeld und die Organisation der Unternehmen als auch fallspezifische Besonderheiten des Zusammenschlusses wieder. Unabhängig von der Teamstruktur im Einzelfall sind typischerweise unter anderem die folgenden Arbeitsschwerpunkte von den Projektgruppen zu erbringen: Datenaufnahme und Bewertung der Ist-Situation, Ableitung von Handlungsbedarfen, Generierung von Lösungsansätzen, Erarbeitung von Implementierungsplänen, laufende Betreuung der Umsetzung.

Die skizzierten Arbeitsschritte, die quasi bei jeder Post Merger Integration erbracht werden müssen, stellen besondere Anforderungen an das Know-how der Projektgruppenmitglieder. Denn die genannten Arbeitsschritte erfordern typischerweise eine methodische Herangehensweise, die in der Regel nicht im Rahmen einer Linientätigkeit erworben werden kann. So sind Techniken wie Brainstorming, Methode 6-3-5, Brainwriting, Pool oder Mind-Mapping – also gängige Kreativ-Methoden – für viele Linienmitarbeiter nur böhmische Dörfer, da im operativen Alltag schlicht nicht erforderlich. Unsere Auswertungen belegen: In 40 Prozent aller Fälle besitzen Mitarbeiter nicht ausreichende Fähigkeiten, integrationsspezifische Aufgabenstellungen umzusetzen. Mangelnde Fähigkeiten auf Ebene der Integrationsteams erhöhen die Projekt-Risiken.

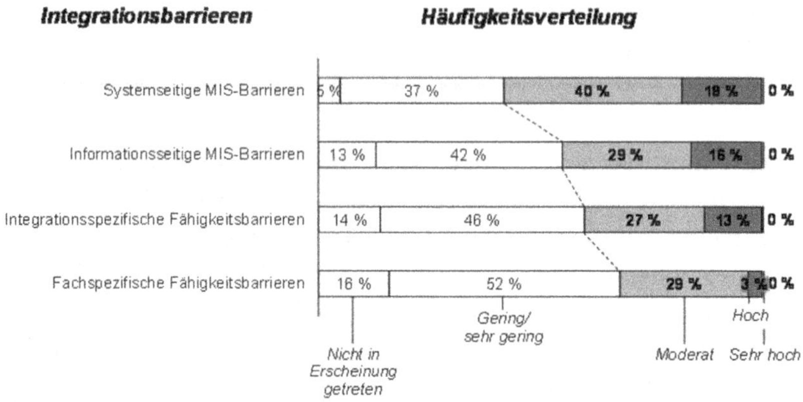

Abb. 22: Ausprägung der Integrationsbarriere „Nicht Können"

4.2 Beschränkte Personalkapazität

Je geringer die Personalkapazität, desto größer die Gefahr, dass Arbeitsschritte unvollständig erledigt werden

Auch Mitarbeiter mit dem notwendigen Know-how können die Umsetzung einer Integration nur dann tatkräftig unterstützen, wenn sie hierfür ausreichend Zeit haben bzw. wenn sie sich diese Zeit auch tatsächlich nehmen.

Hierzu ein illustratives Rechenbeispiel: zwei Unternehmen sollen entlang der gesamten Wertschöpfungskette integriert werden, beide sind nur in einem Land mit nur einem Geschäftsfeld tätig. In diesem einfachen Fall sind dann jeweils eine Projektgruppe pro funktionalem Bereich (also z. B. Forschung & Entwicklung, Beschaffung, Produktion, Logistik, Marketing, Vertrieb) sowie pro Querschnittsfunktion (also z. B. Personalwesen, Controlling, Rechnungswesen, Recht) zu bilden. Ergänzt man diese Projektorganisation gedanklich noch um ein Kommunikations-Team sowie um das Programm Büro wird schnell deutlich, dass zwischen 12 und 15 Projektgruppen mit jeweils mindestens zwei bis drei Mitarbeitern von jedem Unternehmen involviert sind. Selbst eine relativ einfache Projektorganisation bei Post-Merger-Integrationen umfasst damit zwischen 50 und 90 Mitarbeitern, eine Zahl, die durch weitere Geschäftsfelder oder Vertriebsregionen relativ leicht die Marke von 100 überspringt. Nur die wenigsten Unternehmen dürften aus dem Stand 100 erfahrene Mitarbeiter für solch ein Projekt abstellen können. Und, gerade die Mitarbeiter, die über das erforderliche Know-how verfügen, sind meist bis über beide Ohren bereits mit Arbeit eingedeckt. Je knapper die Personalkapazität, desto größer die Gefahr, dass Arbeitspakete unerledigt liegen blieben oder notwendige Arbeitsschritte nur oberflächlich oder aber gar nicht durchlaufen werden können. Das Projekt-Risiko steigt.

Insbesondere die eingeschränkte Verfügbarkeit des operativen Managements zur Leitung von Arbeitsgruppen führt zu einer Erhöhung des Projekt-Risikos. In den Projektgruppen sind eine Fülle von Nicht-Routineaufgaben zu bearbeiten, die hinreichende Kenntnis des operativen Tagesgeschäftes einerseits sowie konzeptionelle Fähigkeiten andererseits erfordern. Im Rahmen der Datenaufnahme geht es bei zum Beispiel neben der Erfassung standardisierter Finanzinformationen aus G&V und Bilanzen regelmäßig auch darum, Prozessabläufe zu dokumentieren und diese zwischen den Unternehmen vergleichbar zu machen. Prozess-Schritte mit ähnlichen Namen aber unterschiedlichen Inhalten müssen dann im Detail verstanden und vergleichbar gemacht werden. Für diese Aufgabe ist das Top-Management in der Regel zu weit weg vom Operativen. Fachreferenten oder Sachbearbeiter ohne entsprechende Anleitung verfügen ihrerseits oftmals nicht über die erforderlichen konzeptionellen Fähigkeiten. So ist es vor allem das mittlere Management, das die Projektgruppen bei der Erarbeitung eines Großteils der Aufgabeninhalte anleiten muss. Wenn das mittlere Management aufgrund von Ressourcenengpässen nicht ausreichend in die Leitung der Projektgruppen mit eingebunden werden kann, steigt das Projekt-Risiko.

Auf Ebene der Integrationsleitung stellt sich das Projekt-Risiko aufgrund mangelnder Personalkapazität in einer spezifischen Form. Denn nur selten lässt sich die erforderliche Kombination aus methodischem Know-how einerseits und operativem Wissen andererseits in einer Person finden. Deshalb wird häufig auf Ebene der Integrationsleitung eine Doppelspitze implementiert, bei der komplementäre Know-how-Träger gemeinschaftlich das Integrationsprojekt verantworten. In der Regel besitzt dann die eine Führungskraft einen langjährigen operativen Erfahrungshintergrund während die andere über das entsprechende methodische Post-Merger-Know-how verfügt. Allerdings löst der Behelf über ein personelles Tandem das Ressourcenproblem nur bedingt, gilt es doch bei einer Tandem Lösung dann statt nur einer geeigneten Führungskraft gleich zwei Führungskräfte für das Integrationsprojekt zu finden und freizustellen. Zudem hängt die Leistungsfähigkeit einer Tandemlösung stark davon ab, wie gut die Schnittstellen zwischen den beiden Führungskräften auch zwischenmenschlich funktionieren. Mangelnde Abstimmung führt zu Informationsverlusten und Problemen aufgrund von Doppelunterstellungen in der Projektorganisation.

Die Kapazitätsanforderungen auf Ebene des Lenkungsausschuss hängt davon ab, wie sehr die Mitglieder des Lenkungsausschusses in die konkrete Projektarbeit involviert werden müssen. Dies kann zum Beispiel in Form einer Sponsorenschaft für einzelne Projektgruppen erforderlich werden, bei denen der Status und die Ergebnisse von Projektgruppen jeweils direkt an Mitglieder des Lenkungsausschusses berichtet werden. Ferner kann es auch erforderlich sein, dass Mitglieder des Lenkungsausschusses zum Beispiel im Rahmen von Roadshows, also von regionalen Kommunikationsveranstaltungen, tätig werden. Letztlich stellt auch eine paritätische Besetzung des Lenkungsausschusses mit Mitgliedern beider Unternehmen hohe Anforderungen an die Personalkapazität. Wie groß die Kapazitätsanforderungen sind, kann letztlich nur im Hinblick auf den konkreten Einzelfall entschieden werden. Hierbei spielt die unternehmens- und gegebenenfalls die gesellschaftspolitische Dimension der Unternehmenszusammenführung eine nicht unerhebliche Rolle.

Mangelnde Incentivierung führt zu Risiken bei der zügigen und planmäßigen Umsetzung der Integration

Projekt-Risiken aufgrund beschränkter Personalkapazitäten wird allerdings nicht nur von der Verfügbarkeit sondern auch von der Motivation der Personalressourcen bestimmt. Gerade eine umfassende Freistellung ausreichend qualifizierter Mitarbeiter ist noch lange keine Gewähr dafür, dass die Kapazitäten auch im Sinne der Integrationsziele eingesetzt werden. So kann eine Einbindung in Integrationsteams zum Beispiel grundsätzlich auch dazu genutzt werden, das Integrationsvorhaben zu blockieren. In anderen Worten: ausreichendes Know-how und freie Kapazität alleine reichen für eine Adressierung des Projekt-Risikos nicht aus. Vielmehr gilt es die Motivation der Mitarbeiter gezielt auf die Anforderungen und Ziele der Integration hin auszurichten. Fehlt eine entsprechende Incentivierung der Mitarbeiter besteht insbesondere bei einer ohnehin angespannten Ressourcensituation die Gefahr, dass Mitarbeiter zunächst darauf spekulieren, dass im Zeitverlauf die Maßnahmenumsetzung nach hinten geschoben wird oder aber mitunter ganz in Vergessenheit gerät. Mitarbeiter tendieren dann dazu, erst einmal abzuwarten. Die Umsetzung der Integration gerät ins Stocken. Ein Risiko, das insbesondere dann virulent ist, wenn sich zu der fehlenden Incentivierung auch noch ein wenig leistungsstarkes Projektcontrolling gesellt. Dann ist es mehr oder weniger dem Spiel der freien Kräfte überlassen, ob eine Maßnahme tatsächlich und wie geplant umgesetzt wird. Doch Implementierungsdruck durch systematisches Projektcontrolling allein kann mangelnde Incentivierung nicht ausgleichen; findet doch letztlich auch bei leistungsstarkem Projektcontrolling jede Implementierung ihre Grenzen in der Motivation der Mitarbeiter. Zudem – von den berühmten Ausnahmefällen einmal abgesehen – zeigen Mitarbeiter in der Regel nur dann das gewünschte Verhalten, wenn sie dafür auch belohnt werden. Erschwerend kommt bei Post-Merger-Integrationen hinzu, dass die etablierten Anreiz-Beitrags-Beziehungen in den Unternehmen im Zuge der Integration regelmäßig in Frage gestellt werden. Auf Seiten der Mitarbeiter entsteht hierdurch Unsicherheit über die neuen

Anreize und über die Beiträge, die zu erbringen sind. Post-Merger-Integrationen schaffen damit regelmäßig sehr ambivalente Motivationssituationen für die Mitarbeiter. Je weniger greifbar dann die projektseitige Umsetzung der Integration incentiviert wird, desto geringer auch die Bereitschaft der Mitarbeiter Einsatz im Sinne der Integration zu zeigen. Mangelnde Incentivierung erhöht die Projekt-Risiken.

FAZIT: **Die Projekt-Risiken einer Firmenintegration sind umso größer, je weniger motiviert Know-how-Trägern in beiden Organisation verfügbar sind.**

Fallbeispiel: Georgsmarienhütte Holding GmbH

Mit Vorsicht genießen – das mittelständische PMI-Konzept der Georgsmarienhütte Unternehmensgruppe

Die Georgsmarienhütte Unternehmensgruppe ist ein mittelständischer Unternehmensverbund mit 47 operativen Gesellschaften und rund 10.000 Mitarbeitern, der im Bereich der Metallerzeugung und -verarbeitung operiert.

Thorsten Ehle ist Leiter Mergers & Acquisitions der Georgsmarienhütte Holding GmbH.

Mittelständische Unternehmen werden in Sachen PMI mit anderen Herausforderungen konfrontiert als große Konzerne. Wie sehen Ihrer Meinung nach die wesentlichen Unterschiede aus?

An der Integrationstiefe lassen sich die Unterschiede am besten demonstrieren. Im Mittelstand ist diese normalerweise weitaus weniger ausgeprägt als bei einem großen Unternehmen, dessen Struktur eher auf die Konzernobergesellschaft zugeschnitten ist. Die geringere Integrationstiefe ist dann auch der Grund, warum dem Target nach der Übernahme durch einen Mittelständler im Regelfall auch viel mehr unternehmerische Freiheiten zugestanden werden. Anders als bei einem Großkonzern liegt der Fokus ganz klar auf allen Maßnahmen rund um die Transaktionsvorbereitung. Die Instrumente der PMI kommen also bereits in einem verhältnismäßig frühen Stadium des Verfahrens zum Einsatz.

Wie verlaufen solche Prozesse bei der Georgsmarienhütte Unternehmensgruppe? Können Sie vielleicht die Politik Ihres Hauses kurz skizzieren?

Unsere Vorgehensweise in Sachen M&A steht ganz klar in einem direkten Zusammenhang mit der Struktur der Georgmarienhütte Unternehmensgruppe. Alle Entscheidungen und Maßnahmen, die das operative Geschäft betreffen, liegen eindeutig bei den Tochterunternehmen. Lediglich die übergreifenden Aspekte wie Fragen der Finanzierung oder strategische Investitionsentscheidungen werden von der Georgsmarienhütte Holding GmbH gebündelt in Angriff genommen. Das erklärt sich folgendermaßen: Jede unserer Gesellschaften ist eine Einheit für sich. Sie besitzt rechtliche Eigenständigkeit, hat eine separate Geschäftsführung und erstellt ihre eigenen Bilanzen. Damit ist sie auch verantwortlich für die Liquidität. Für uns als Georgmarienhütte Unternehmensgruppe hat das zur Folge, dass sich der Aufwand für die Integration einer neu erworbenen Gesellschaft in einem sehr überschaubaren Rahmen hält.

Bedeutet diese Politik nicht in letzter Konsequenz, dass bei der Georgsmarienhütte Unternehmensgruppe die klassischen Instrumente einer PMI erst gar nicht zur Anwendung kommen?

Nein, natürlich nicht. Allerdings setzen wir diese Instrumente bereits in den vorgelagerten Schritten des Transaktionsprozesses ein und zwar insbesondere bei der Überprüfung des Strategic Fit. Alle wesentlichen Untersuchungen in Bezug auf die PMI werden von uns in genau diesem Verfahrensabschnitt geleistet. Das ist unser Ansatz, schon in einem frühen Stadium des Prozesses mögliche Risiken zu identifizieren und entsprechende Gegenmaßnahmen zu implementieren. Unsere Erfahrungen haben gezeigt, dass auf diese Weise ein Integrationsprozess sehr effektiv vorbereitet und durchgeführt werden kann.

Kulturelle und organisatorische Unterschiede führen in PMI-Prozessen nicht selten zu Konflikten. Wie sieht die Strategie der Georgmarienhütte Unternehmensgruppe aus, um genau diese Gefahrenquelle zu entschärfen?

Prinzipiell lässt sich folgende Regel aufstellen: Gibt es gravierende kulturelle und organisatorische Unterschiede zwischen Buyer und Target, dann ist eine Integration nur unter erschwerten Bedingungen möglich. Daher halten wir ein rechtzeitiges Anpacken dieses Problems in einem frühen Stadium für sehr wichtig. Kommen wir dabei aber zu der Überzeugung, dass die Differenzen unüberwindbar erscheinen, so sind diese dann für uns der Grund, einen Deal erst gar nicht zustande kommen zu lassen. Dank unserer Erfahrungen auf diesem Gebiet können wir dies bereits bei ersten Kontakten mit dem Management der Zielgesellschaft feststellen.

Wie packt die Georgsmarienhütte Unternehmensgruppe das Thema Synergie-Risiken an?

Generell zeigt sich in vielen PMI-Prozessen an einem bestimmten Punkt, dass die eingeplanten und eingepreisten Synergiepotenziale nicht immer möglich sind. Denn trotz einer gründlichen Einschätzung und Due Diligence ist es schwierig, die Realisierbarkeit möglicher Synergien zu bewerten. Und manchmal ist es schlicht und ergreifend nur Zufall, dass die in einem Business Plan unterstellten Synergieeffekte sich in der Tat dann einstellen. Häufig aber liegt die Fehlerquelle in der Vorbereitungsphase. Denn nicht selten passiert es, dass im Rahmen der Unternehmensbewertung Fehleinschätzungen gemacht werden, die anschließend von dem Integrationsteam nicht mehr korrigiert werden können.

Deshalb lautet der Ansatz der Georgmarienhütte Unternehmensgruppe folgendermaßen: Im Rahmen der Unternehmensbewertung und Kaufpreisfindung bleibt das Thema Synergie außen vor. Schließlich müssen wir diese nach der Übernahme im Rahmen einer PMI selbst heben, wobei das zukünftige Realisierungspotenzial oft ungewiss bleibt. Im Gegenzug aber arbeiten wir soweit es erforderlich ist und sinnvoll erscheint an einem strategischen Premium.

Welche Ratschläge können Sie einem Mittelständler in Sachen PMI mit auf den Weg geben?

Auf Basis unserer jahrelangen Erfahrungen lässt sich eine goldene Regel ableiten: Beim Einfädeln und der Umsetzung eines Deals kann das Thema PMI-Prozesse nicht früh genug zur Sprache kommen. Schließlich entscheidet ihr rechtzeitiger Einsatz über den Erfolg oder Misserfolg einer jeden M&A-Transaktion. Denn oft werden die gravierendsten Fehler bereits in der Phase der Verkaufsanbahnung und der Due Diligence begangen. Insbesondere im Mittelstand sollte der Fokus deshalb genau auf diesem Zeitabschnitt liegen – schließlich kann jede Integration nur so gut sein wie ihre Planung. Und einmal gemachte Fehler lassen sich dann nur schwer wieder korrigieren.

5 PMI-Risiko-Typen – Worauf sich das Integrationsmanagement gefasst machen muss

Wie unsere statistischen Untersuchungen belegen, lauern die größten Risiken für eine erfolgreiche Post Merger Integration in vier Ecken (vgl. Abb. 23):

I. **Synergie-Risiken: Gefahrenquellen aufgrund mangelhafter Planung der Synergieumsetzung**
Unsere Untersuchung belegt, dass eine schlechte Qualität der Zahlenbasis, eine hohe Umsetzungskomplexität sowie mangelhafte Umsetzungsplanung die Synergie-Risiken einer Firmenintegration erhöhen.

II. **Struktur-Risiken: Stolpersteine durch unterschiedliche Organisationsstrukturen und Geschäftsabläufe**
Die Höhe der Struktur-Risiken einer Post Merger Integration hängt sowohl von Aufbau- und Führungsunterschieden als auch von Unterschieden in den Geschäftsprozessen ab.

III. **People-Risiken: Barrieren infolge personeller Widerstände**
People-Risiken existieren auf sämtlichen Hierarchieebenen und nehmen mit dem Umfang von Mitarbeiterredundanzen und dem mitarbeiterbezogenen Veränderungsausmaß zu.

IV. **Projekt-Risiken: Hindernisse aufgrund unzureichender projektseitiger Voraussetzungen**
Je größer die Know-how-Defizite und die kapazitären Personalbeschränkungen sind, desto grösser sind die Projekt-Risiken einer Post Merger Integration.

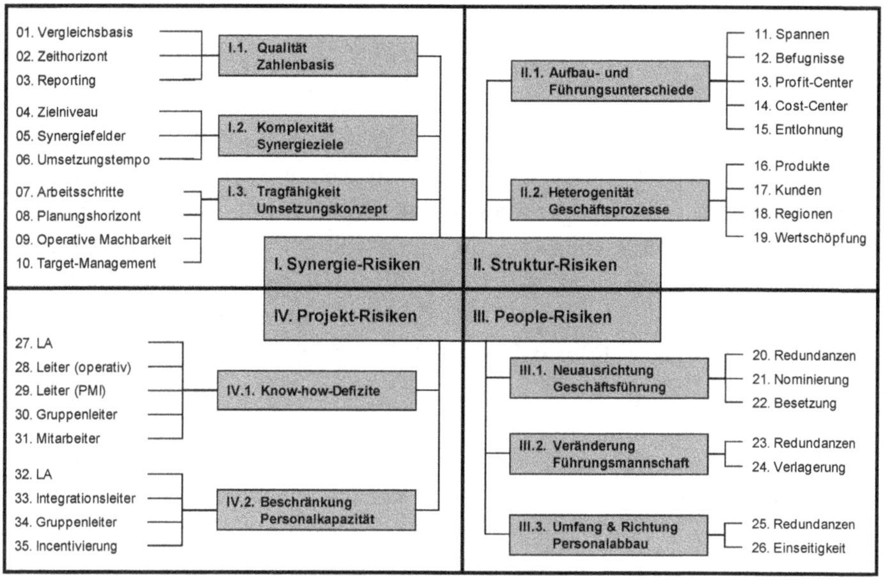

Abb. 23: Post-Merger-Risiken im Überblick

Firmenintegrationen besitzen unterschiedliche Risikoschwerpunkte und Erfolgsaussichten

Die gute Nachricht zuerst: Synergie-, Struktur-, People- und Projekt Risiken treten nicht zwingend bei jeder Transaktion auf. Vielmehr besitzt jede Firmenintegration ihre eigenen und spezifischen Risikoschwerpunkte. Die schlechte Nachricht: nach Maßgabe dieses Risikoprofils haben Manager sehr unterschiedliche Aussichten auf Erfolg – und das bereits von Beginn an. Also unabhängig davon, wie virtuos das Integrationsmanagement ab Closing funktioniert, legt das Risikoprofil einer Transaktion die grundsätzlichen Erfolgsaussichten einer Post Merger Integration fest. Und, es gibt PMI-Typen, bei denen das Integrationsmanagement so gut wie keine Chancen auf Erfolg hat.

Methode zur PMI-Typisierung:

Zur Ermittlung von PMI-Risiko-Typen haben wir uns methodisch der Clusteranalyse bedient; ein erprobtes statistisches Verfahren, das Gruppen homogener Merkmalsträger bildet. Dabei wurden im Rahmen unserer Untersuchung solche Firmenintegrationen zu Gruppen zusammengefasst, die ein ähnliches Risiko-Profil aufweisen; also ähnliche Risikoschwerpunkte besitzen. Die Charakterisierung der identifizierten PMI-Risiko-Typen erfolgt dabei durch Vergleich der jeweiligen Risiko-Profile.

Demnach lassen sich vier illustrative PMI-Risiko-Typen unterscheiden: Mikado, Domino, Poker und Russisch Roulette. Jeder dieser vier Risiko-Typen ist durch unterschiedliche Risikoschwerpunkte, Erfolgsaussichten und Auftretenshäufigkeit gekennzeichnet. Bei der gewählten Nomenklatur handelt es sich weniger um eine akademische Spielerei als vielmehr um den Versuch, dem Management einen Eindruck von den bevorstehenden Risiken und Herausforderungen des jeweiligen Integrationstyps zu geben.

Risiko-Typ A Mikado: Das Risikoniveau von Typ A ist relativ gering: Sowohl Synergie- und Struktur- als auch People- und Projekt-Risiken sind bei Mikado gering. Das flache Risikoprofil spiegelt sich entsprechend in einer hohen Erfolgswahrscheinlichkeit dieses Typs wider: 75 Prozent der Integrationen vom Typ A sind erfolgreich. Allerdings sind auch Integrationen vom Typ A nicht völlig ohne Risiken und müssen deshalb mit entsprechendem Fingerspitzengefühl durchgeführt werden. Wie bei Mikado gilt es, die Komplexität des Stäbchen-Wirrwarrs durch Geschicklichkeit zu beherrschen. Je größer der Haufen mit bunten Stäbchen, desto komplexer die Herausforderung und desto schwieriger der Überblick.

Risiko-Typ B Domino: Im Vergleich zu Mikado weisen Integrationen vom Typ B in den Klassen Synergie und Projekt überdurchschnittlich hohe Risiken auf. Aufgrund des höheren Risikoniveaus ist die Erfolgswahrscheinlichkeit Typ B im Vergleich zu Typ A deutlich niedriger: Lediglich 27 Prozent der Integrationen vom Typ B sind erfolgreich. Er weist also Erfolgswerte nahe am statistischen Durchschnittswert von 38 Prozent auf. Angesichts der Tatsache, dass bei Integrationen vom Typ B sowohl Struktur-Risiken als auch People-Risiken ein eher geringes Niveau zeigen, erlauben Integrationen dieses Typs den Vergleich mit Domino. Können doch bei Integrationen dieses Typs die Strukturen und Mitarbeiter aufgrund des geringen Risikos in diesen Bereichen wie bei Domino durch weitestgehend reibungsloses Aneinanderlegen zusammengefügt werden.

Risiko-Typ C Poker: Das Risikoniveau von Typ C ist noch einmal höher als bei Domino. Mit Ausnahme des Bereichs Synergien bestehen in drei der vier Risikokategorien hohe Post-Merger-Risiken. Im Hinblick auf das Risikoprofil von Typ C ist es nur wenig überraschend, dass die Erfolgsaussichten dieses Typs mit 17 Prozent entsprechend gering sind. Ähnlich wie bei Poker geht es bei Typ C im Hinblick auf die ausgeprägten People-Risiken darum, die Verhaltensweisen von Mitspielern realistisch einzuschätzen. Durch Beobachtung gilt es, das Verhalten eines Gegenübers richtig einzuschätzen, um feststellen zu können, welches Blatt der Mitspieler hat und welche Strategie er verfolgt. Schwierig wird es für Pokerspieler und Manager immer dann, wenn das Gegenüber ein Pokerface aufsetzt und sich dadurch die Situation nicht eindeutig erschließen lässt.

Risiko-Typ D Russisch Roulette: Integrationen vom Typ D sind von allen vier Typen die gefährlichsten. In allen vier Kategorien besteht ein hohes Risiko. Typ D besitzt deshalb von allen vier Typen die geringsten Erfolgsaussichten. Nur ein Prozent aller Integrationen vom Typ D sind erfolgreich, während 99 Prozent scheitern. Die Hoffnung, dass das verantwortliche Management bei Typ D unbeschadet bleibt, ist also so gut wie ausgeschlossen. Der Vergleich mit Russisch Roulette liegt nahe, denn auch hier handelt es sich um ein Glücksspiel mit regelmäßig tödlichem Ausgang. Allerdings ist die Erfolgswahrscheinlichkeit von Russisch Roulette, also die Wahrscheinlichkeit nicht tödlich getroffen zu werden, deutlich höher als bei Integrationen vom Typ D. Die Wahrscheinlichkeit des Auslösens eines tödlichen Schusses beträgt nämlich bei einem klassischen, sechs schussigen Revolver 1 zu 6 (16,67 Prozent), die Erfolgswahrscheinlichkeit des Managements bei Typ D ist dagegen nur ein Prozent und damit 1 zu 100.

PMI-Risiko-Typen im Überblick

	Typ A – Mikado	*Typ B – Domino*
Risiko-Schwerpunkte:	Keine	Synergie, Projekt
Erfolgschancen:	75 Prozent	27 Prozent

	Typ C – Poker	*Typ D – Russisch Roulette*
Risiko-Schwerpunkte:	Struktur, People, Projekt	Synergie, Struktur, People, Projekt
Erfolgschancen:	17 Prozent	1 Prozent

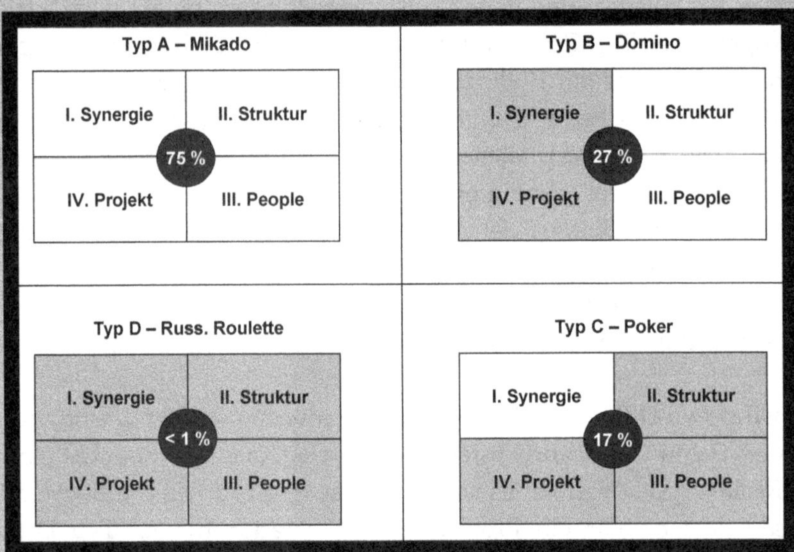

Abb. 24: Risiko-Typen im Überblick

Jeder sechste Manager hat von Anfang an keine Chance auf Erfolg

Die vier skizzierten PMI-Risiko-Typen unterscheiden sich nicht nur hinsichtlich ihrer Risikoschwerpunkte und Erfolgsaussichten, sondern auch in Bezug auf ihre Häufigkeit; also bei der Beantwortung der Frage, wie wahrscheinlich es für das betroffene Management ist, Mikado, Domino, Poker oder Russisch Roulette spielen zu müssen.

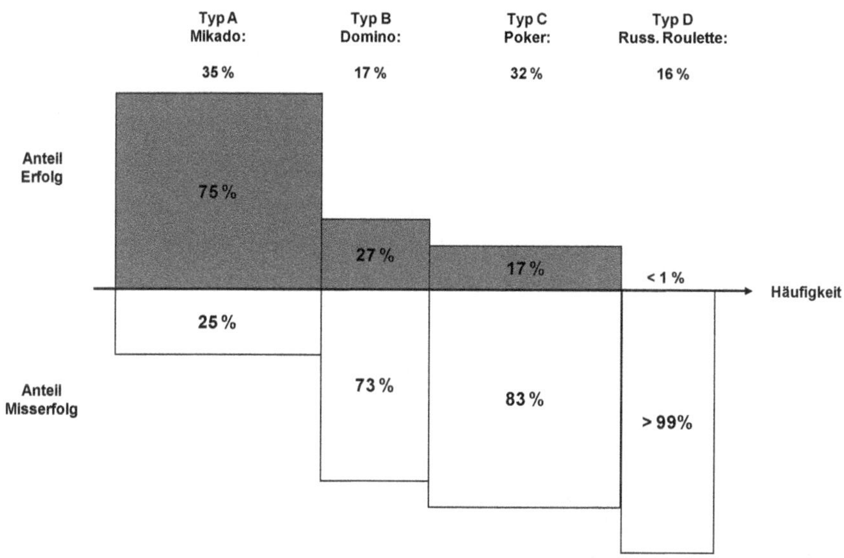

Abb. 25: Häufigkeit der Risiko-Typen

Auch hier die gute Nachricht zuerst: In rund einem Drittel der Post-Merger-Fälle (35 Prozent) trifft das betroffene Management auf den risikoarmen Typ A – Mikado. Damit ist für das betroffene Management immerhin bei jeder dritten Integration die Wahrscheinlichkeit des Erfolgs höher als die des Misserfolges, sind doch 75 Prozent dieses PMI-Risiko-Typs erfolgreich.

Aber auch hier gibt es eine schlechte Nachricht: Mit fast dem gleichen Wert (32 Prozent) tritt auch Typ C auf und das Management muss Poker spielen mit einer Misserfolgswahrscheinlichkeit von 83 Prozent. Auch die Wahrscheinlichkeit, dass das Management auf einen der beiden anderen riskanten Typen Domino (Typ B) oder Russisch Roulette (Typ D) trifft, ist relativ hoch. Rund jede dritte Integration lässt sich einem der beiden Typen B und D zuordnen. Auch die tödliche Gefahr, Russisch Roulette spielen zu müssen, ist vergleichsweise hoch, da sie mit einem Wert von 16 Prozent immerhin fast jede sechste Transaktion betrifft.

Abb. 26 belegt noch einmal eindrücklich, wie wichtig es für das betroffene Management ist, seine Risiko-Position bereits vor dem Closing realistisch einzuschätzen. Mehr als drei Viertel der erfolgreichen Integrationen gehören einem einzigen Risiko-Typ an, nämlich dem Typ A – Mikado. Das andere Viertel erfolgreicher Integrationen verteilt sich in etwa zu gleichen Teilen auf Domino (Typ B) und Poker (Typ C). Integrationen vom Typ D sind auf der Erfolgsseite gar nicht zu finden.

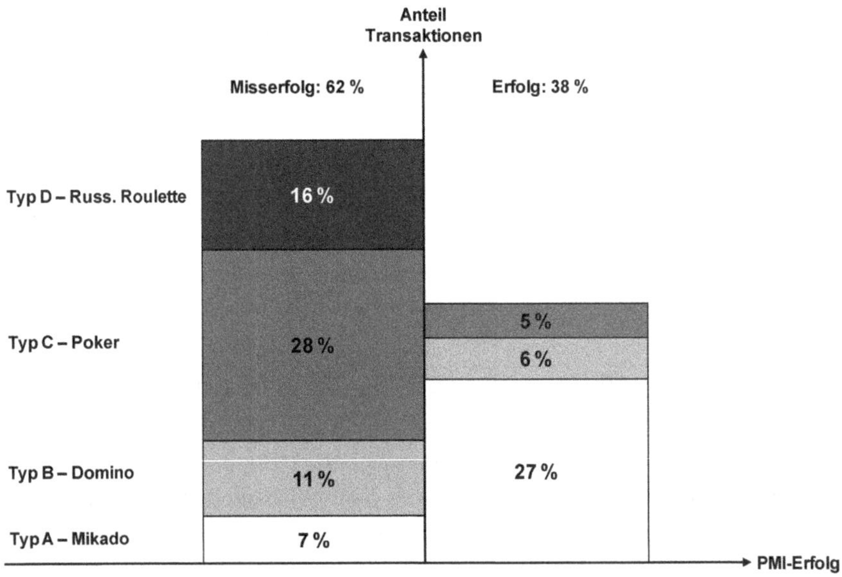

Abb. 26: Risiko-Typen und PMI-Erfolg

Auf der Misserfolgsseite geht rund zwei Drittel aller Fälle auf das Konto von Typ C – Poker und Typ D – Russisch Roulette. Demgegenüber erweist sich insbesondere nur jeder zehnte Misserfolg als Typ A – Mikado.

Der Großteil der Firmenintegrationen ist und bleibt also hochriskant für das betroffene Management. Jeder sechste Integrationsmanager befindet sich sogar in der Gefahr von Russisch Roulette, bei dem das Management eigentlich nur verlieren kann. Das M&A-Management muss daher nicht nur für den unternehmerischen, sondern auch für den ganz persönlichen beruflichen Erfolg bereits vor dem Closing das Risiko-Profil einer geplanten Firmenintegration genau überprüfen.

FAZIT: Unabhängig von der Güte des Integrationsmanagements nach dem Closing werden die grundsätzlichen Erfolgschancen einer Post Merger Integration durch das jeweilige Risikoprofil der Transaktion bestimmt. Eine systematische Bewertung der PMI-Risiken vor dem Closing ist eine der Schlüsselkomponenten für den unternehmerischen und persönlichen Erfolg bei Firmenintegrationen.

Fallbeispiel: Freshfields Bruckhaus Deringer LLP

Risiken und Nebenwirkungen: Haftungs-Risiken für Manager im Rahmen von Post-Merger-Integrationen

Freshfields Bruckhaus Deringer LLP zählt zu den führenden internationalen Anwaltssozietäten und unterstützt seine Mandanten weltweit bei Übernahmen, Fusionen und nachfolgende Reorganisationen.

Herr Prof. Dr. Christoph H. Seibt LLM ist Partner im Hamburger Büro und auf M&A-Transaktionen und Reorganisationen spezialisiert.

Warum ist Ihrer Meinung in naher Zukunft mit einer Zunahme von Schadensersatzansprüchen aufgrund fehlgeschlagener Post Merger Integration zu rechnen?

In der Vergangenheit war es üblich, dass eine misslungene Post Merger Integration allenfalls die Abberufung der verantwortlichen Organmitglieder zur Folge hatte. Eine persönliche Haftungsinanspruchnahme fand jedoch nur sehr selten statt. Heute dagegen sieht das anders aus: Aufgrund der aktuellen Medienberichterstattung, der erhöhten Aufmerksamkeit der Stakeholder sowie der Globalisierung und des Law Shopping ist eine Situation entstanden, die für Manager ein neues Gefahrenpotenzial darstellt. Auch sind einvernehmliche Deckungszusagen der D&O-Versicherung aus Kulanz außergewöhnlich geworden. Grundsätzlich kann man sagen, dass bestimmte äußere Ereignisse wie personelle Neubesetzungen auf der Vorstands- oder Aufsichtsratsebene infolge eines Generationen- oder Kontrollwechsels, der Austausch der Rechtsberater eines Unternehmens oder die Eröffnung eines Insolvenzverfahrens über das Vermögen der Gesellschaft zu einem erhöhten Prozessrisiko für das Management führen.

Woraus ergeben sich aus juristischer Perspektive dabei die Haftungs-Risiken für Manager?

Alle unternehmerischen Entscheidungen sind zwar haftungsrechtlich privilegiert. Das gilt auch für die Vorbereitung und Umsetzung einer Post Merger Integration. Auf Basis der in § 93 Abs. 1 Satz 2 Aktiengesetz verankerten Business Judgement Rule haftet der Vorstand einer Aktiengesellschaft bei unternehmerischen Entscheidungen nicht, wenn er vernünftigerweise annehmen durfte, auf Grundlage angemessener Information zum Wohle der Gesellschaft gehandelt zu haben.

Was bedeutet das konkret?

Darunter ist zu verstehen, dass er unter Berücksichtigung von Kosten-Effizienz-Überlegungen alle wesentlichen, ihm zur Verfügung stehenden und relevanten Erkenntnisquellen vor der Entscheidung ausgeschöpft hat. Eine solche Due Diligence ist aus der Transaktionspraxis heute kaum noch wegzudenken. Nach der herrschenden Rechtsprechung und Fachliteratur ist der Vorstand bei komplexeren Transaktionen zu ihrer Durchführung verpflichtet, es sei denn, es liegen ganz außergewöhnliche Umstände vor. Bei der Due Diligence sind besondere Vorgaben zu beachten, wenn die Zielgesellschaft im Anschluss an den Erwerb in die Käufergesellschaft integriert werden soll.

Betreffen diese Haftungs-Risiken im Falle einer fehlgeschlagenen Post Merger Integration auch die Mitglieder des Aufsichtsrates?

Die Haftungs-Risiken des Aufsichtsrates in Zusammenhang mit der Post Merger Integration bestehen in erster Linie aus einer Verletzung der Überwachungspflichten. Gibt es für den Unternehmenserwerb ein Zustimmungsvorbehalt des Aufsichtsrats nach § 111 Abs. 4 Aktiengesetz, so muss dieser nicht nur das ihm zur Zustimmung vorgelegte Rechtsgeschäft prüfen, sondern ihn trifft darüber hinaus auch eine über den Vertragsabschluss nachwirkende Beobachtungspflicht. Zudem ist der Aufsichtsrat sogar verpflichtet, wesentliche Geschäfte, die eine erhebliche Risikoexposition für das Unternehmen beinhalten, mit Hilfe eines Zustimmungsvorbehalts zu untersuchen. Die Gewährleistung einer ordnungsgemäßen Berichterstattung, die „Bringschuld" des Vorstands und „Holschuld" des Aufsichtsrates zugleich ist, endet nicht mit dem Vertragsabschluss, sondern betrifft auch die spätere Umsetzung der Post Merger Integration.

Was muss das Management alles unternehmen, um sein Haftungsrisiko zu reduzieren?

Insoweit sollte man zwei Zeitphasen mit korrespondierenden Handlungspflichten unterscheiden: In der ersten Phase stehen die gewissenhafte Vorbereitung der Transaktion im Hinblick auf die Analyse der relevanten Post-Merger-Risiken sowie der Entwurf eines Integrationsplans im Mittelpunkt. Zudem sollte durch die richtige Verhandlung des Kaufvertrages das Risikopotenzial minimiert werden. Diese Maßnahmen betreffen die Phase vor dem Signing der Transaktion. Entsprechend beginnt die zweite Phase danach. Dabei geht es dann um die Umsetzung und Überwachung des Integrationsplans, so dass sie auch mit dem Closing der Transaktion noch lange nicht beendet ist.

Was muss das Management bei der Durchführung der Due Diligence beachten?

Von ganz besonderer Bedeutung ist das Enthaftungskriterium „Handeln auf Grundlage angemessener Informationen" in der ersten der zuvor beschriebenen Phasen. Dabei ist die sorgfältige Erhebung und Vorbereitung der Entscheidungsgrundlagen für die Unternehmenszusammenführung erforderlich. Als Faustregel sollte gelten: Je größer und vor allem komplexer das Zielunternehmen ist und je relevanter die aus der Akquisition resultierenden Gefahren erscheinen, desto umfangreicher und sorgfältiger hat die Due Diligence zur Analyse der Post-Merger-Risiken auszufallen. Der Vorstand muss in der Lage sein, diese bereits vor der geplanten Transaktion zu identifizieren und zu bewerten. Dabei handelt es sich ganz konkret um eine Informationsbeschaffungspflicht, zu deren Erfüllung der Vorstand bei Absicherung der Vertraulichkeit problemlos interne und externe Berater hinzuziehen darf.

Welche Rolle spielt hierbei auch die Erarbeitung eines Integrationsplans?

Der Integrationsplan spielt eine ganz wesentliche Rolle bei der Enthaftung und muss auf jeden Fall einen realisierbaren Zeitplan und eine klare Marschroute für die Post-Merger-Phase enthalten. Dabei sollte darauf geachtet werden, dass die Zeitplanung mit den Strukturen des Unternehmens kompatibel ist. Schließlich kann eine zu hohe Integrationsgeschwindigkeit das nicht zu unterschätzende Risiko eines Misserfolges der Unternehmenszusammenführung mit sich bringen. Zudem zeigen unsere Erfahrungen: Je ausgewogener, differenzierter und realistischer sich der Integrationsplan erweist, desto unwahrscheinlicher ist es, dass im Fall des Scheiterns einer geplanten Integration das Management in Haftung genommen werden kann. Darüber hinaus ist dem Vorstand zu empfehlen, sich in der Pre Signing-Phase rechtzeitig um die Erstellung einer Feasibility Study und um Alternativszenarien zu kümmern.

6 Systematische Identifikation von Post-Merger-Risiken bereits in der Due Diligence

Spitzenmanager sehen insbesondere bei der Post Merger Integration die größten Risiken für den M&A-Erfolg

Werden Integrations-Risiken bei Unternehmen tatsächlich nur unzureichend identifiziert? Wir wollten es genauer wissen und haben Vorstände und Mitglieder der ersten Führungsebene bei deutschen börsennotierten Unternehmen befragt, wie sie den Stellenwert spezifischer Integrations-Risiken sehen und in welchem Ausmaß Anstrengungen unternommen werden, hier entsprechende Informationen zu generieren.[3]

Ausgangspunkt der Befragung war eine allgemeine Einschätzung der Schwierigkeiten bei der Umsetzung einer erfolgreichen Post Merger Integration. Unter den befragten Spitzenmanagern deutscher DAX-Unternehmen war man sich einig: Die wahre Herausforderung bei M&A-Deals – so 95 Prozent der Befragten – liegt in der anschließenden Integration. Unternehmenskäufe ohne Integration werden als deutlich einfacher angesehen.

Schaut man sich die Herausforderungen noch etwas genauer an, so wird deutlich, dass die zentralen Risiken nicht so sehr in der Pre-Closing Phase gesehen werden. Die zentralen Risiken für den M&A-Erfolg ergeben sich erst nach dem Closing des Deals und hier insbesondere bei der Maßnahmenumsetzung und der strukturellen Verzahnung.

[3] Vgl. Schewe/Becker/Hlouschek: Die Berücksichtigung von Post-Merger-Risiken im M&A-Prozess, Arbeitspapiere des Lehrstuhls für Betriebswirtschaftslehre, insb. Organisation, Personal und Innovation, Nr. 61, Münster 2009.

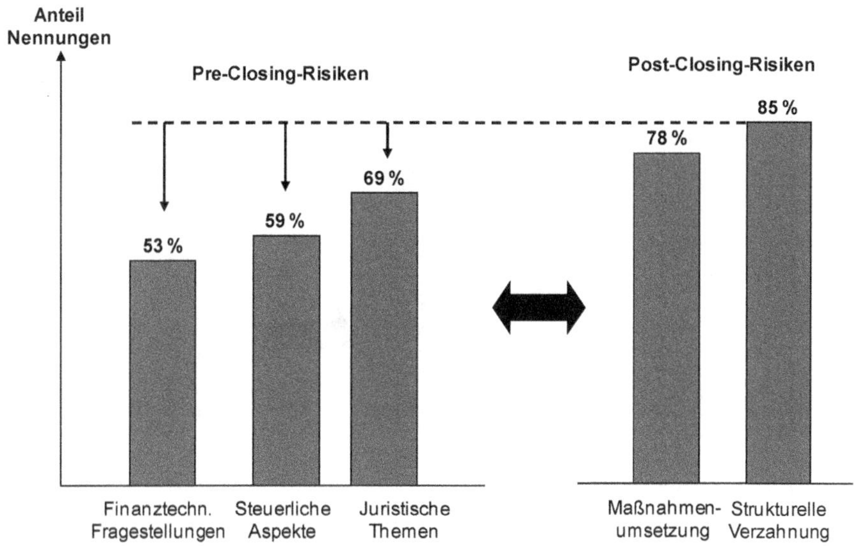

Abb. 27: Einschätzung der Pre- und Post-Closing-Risiken

Insbesondere bei der Umsetzung der angestrebten Synergien und bei auftretenden Widerständen auf Seiten der Führungskräfte sind die größten Post-Merger-Risiken zu erwarten. Mehr als zwei Drittel der befragten Top-Manager sehen bei diesen Themen die zentralen Ursachen für das spätere Scheitern der Integration.

Traditionelle Due-Diligence-Prüfungen lassen wesentliche PMI-Risiken außer Acht

Damit ist klar: nahezu alle Manager wissen um das hohe Risiko, das mit Post Merger Integration verbunden ist. Doch welche Maßnahmen ergreifen Manager dann tatsächlich, um die Risiken einer Firmenintegration rechtzeitig zu adressieren? Wir haben deshalb die DAX-Manager weiter nach den Prüfungsschwerpunkten im Rahmen der Due Diligence befragt.

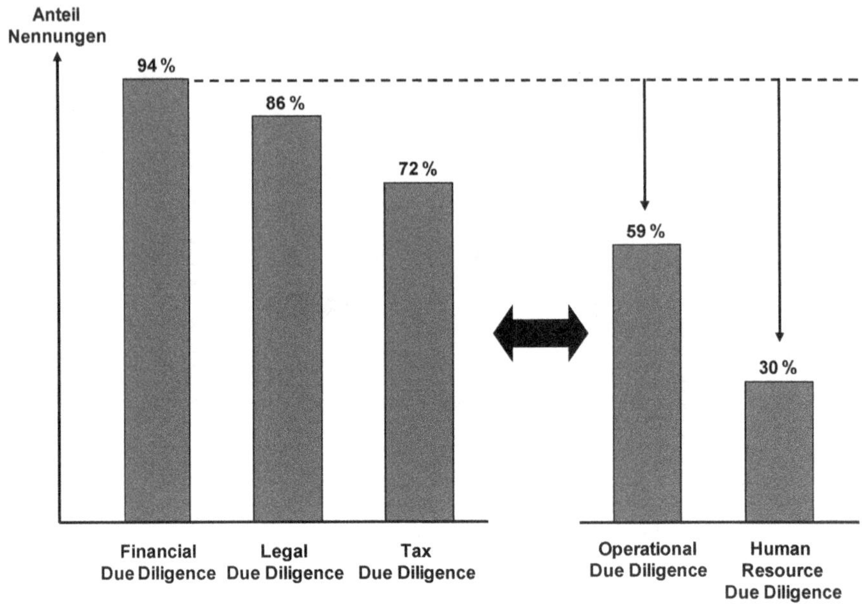

Abb. 28: Verbreitung Due Diligence in Deutschland

Die Financial Due Diligence, also die Überprüfung des Targetunternehmens nach Maßgabe finanztechnischer Kenngrößen, ist mit 94 Prozent die am weitesten verbreitete Due Diligence Form. Der Finanzprüfung folgt mit 86 Prozent die Legal Due Diligence und mit 72 Prozent die Tax Due Diligence, bei denen steuer-/rechtliche Aspekte einer geplanten Transaktion den Prüfungsschwerpunkt bilden.

Mit deutlichem Abstand zu diesem Dreiklang aus Finanzen, Recht und Steuern wird in weniger als zwei Drittel der M&A-Transaktionen (59 Prozent) eine sogenannte Operational Due Diligence durchgeführt, bei der operative Fragestellungen des Zielunternehmens untersucht werden. Weit abgeschlagen wird in nur rund einem Drittel aller M&A Deals (30 Prozent) eine Prüfung durchgeführt, bei der mitarbeiterbezogene Themenstellungen im Fokus der Untersuchung stehen.

Nach Maßgabe der skizzierten Prüfungsschwerpunkte bleibt also festzuhalten, dass zwar de facto keine M&A-Transaktion in Deutschland mehr ohne eine Due-Diligence-Prüfung durchgeführt wird; dabei stehen allerdings finanztechnische und steuer-/rechtliche Fragestellungen im Fokus der Betrachtung. Operative und mitarbeiterbezogene Aspekte, die für eine erfolgreiche Post Merger Integration eine wichtige Rolle spielen, werden in einer Vielzahl von Praxisfällen nicht adressiert. Spiegelt man die Schwerpunkte der gängigen Due-Diligence-Prüfungen an den identifizierten PMI-Risiken, so wird schnell deutlich, dass die etablierten Prüfungsschwerpunkte in den Bereichen Finanzen, Steuern und Recht wesentliche PMI-Risiken außer Acht lassen.

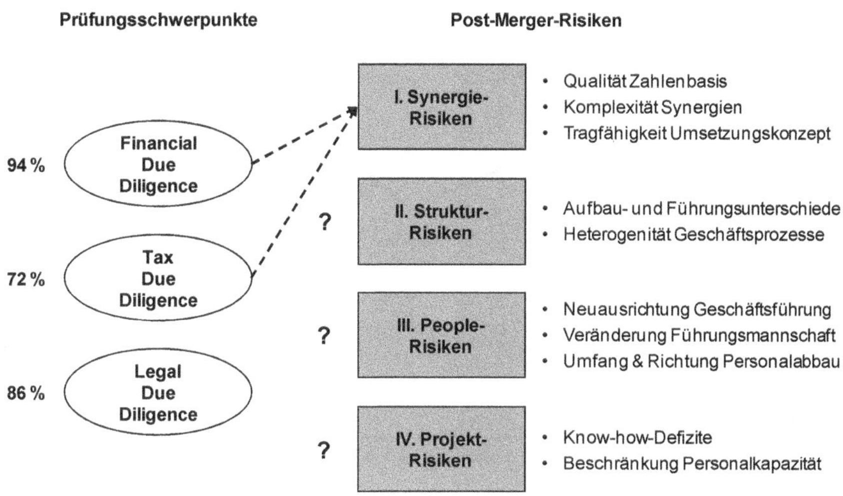

Abb. 29: Handlungsbedarf traditioneller Due Diligence

So wird etwa die Frage danach, ob Know-how-Träger für die projektseitige Umsetzung der Post Merger Integration in ausreichendem Maße zur Verfügung stehen, weder von einer Financial- noch von einer Tax- oder Legal Due Diligence adressiert. Das Gleiche gilt auch hinsichtlich möglicher Widerstände auf Ebene der Führungskräfte oder aber hinsichtlich möglicher Prozess-Unterschiede bei der Leistungserstellung und im Vertrieb. Der traditionelle Due-Diligence-Dreiklang aus Finanzen-, Steuer- und Rechts-Prüfung beantwortet keine dieser Fragen. Gleiches gilt in der Regel auch für Synergie-Risiken, da die etablierten Prüfungen vor allem das Zielunternehmen hinsichtlich möglicher Finanz- und steuer-/rechtlicher Risiken durchleuchten. Die Frage also etwa danach, ob ein schlüssiges Konzept für die Umsetzung der Synergien vorliegt, oder aber in welchem Umfang die angestrebten Synergien aus operativer Perspektive plausibilisiert worden sind, wird von keiner der klassischen Due-Diligence-Prüfungen untersucht.

Stellt man nun den ergriffenen Maßnahmen im Rahmen der Due Diligence die anfängliche Einschätzung der zentralen Integrations-Risiken gegenüber, so ergibt sich ein geradezu groteskes Bild:

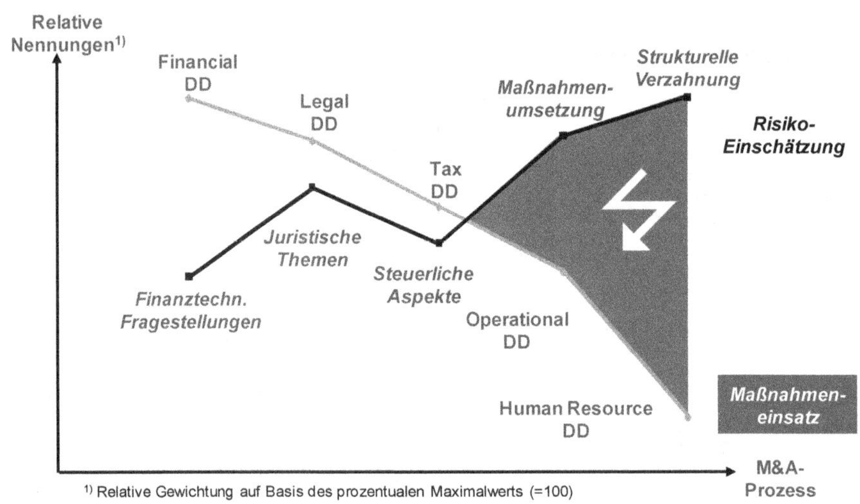

Abb. 30: Diskrepanz der Einschätzung der Post-Merger-Risiken und der durchgeführten Due-Diligence-Aktivitäten

Es werden insbesondere bei den Fragestellungen verstärkt Prüfungsaktivitäten durchgeführt, wo die Risiko-Einschätzung vergleichsweise gering ist. Dies muss jedoch nicht unbedingt ein Problem darstellen, denn immerhin könnte man vermuten, dass die Tatsache, dass man sich intensiv mit diesen Problembereichen beschäftigt, dazu führt, dass man sich relativ sicher ist, was einen nach dem Closing erwartet. Entsprechend moderat fallen die entsprechenden Risiko-Einschätzungen aus. Ein anderes Bild ergibt sich beim Blick auf die Risiken im Zusammenhang mir der Maßnahmenumsetzung sowie der strukturellen Verzahnung der zu integrierenden Teilbereiche. Obwohl diese Felder die höchste Risiko-Einschätzung durch das Top-Management aufweisen, werden die mit Abstand wenigsten Aktivitäten im Rahmen der Due Diligence ergriffen, um hier sachgerechte Informationen zu generieren, die helfen können, die auftretenden Risiken besser zu bewerten.

Top-Performer führen zusätzlich eine Merger Due Diligence durch

Top-Performer gehen im Rahmen der Due Diligence differenziert vor und unterscheiden bei den Prüfungsschwerpunkten nach Akquisitionen *ohne* anschließender Integration und Akquisitionen *mit* nachfolgender Post Merger Integration.

Bei Akquisitionen *ohne* anschließender Integration vertrauen auch Top-Performer im Kern auf den Dreiklang aus Financial-, Tax- und Legal-Due Diligence. Anders jedoch das Vorgehen der Top-Performer bei Akquisitionen *mit* anschließender Post Merger Integration. Top-Performer wissen, dass Post Merger Integrationen zusätzliche Risiken in den Bereichen Synergie, Struktur, People und Projekt begründen, die deutlich über die Themenfelder Finanzen, Steuern und Recht hinausgehen. Diese zusätzlichen Risiken einer Post Merger Integration untersuchen Top-Performer durch zusätzliche Prüfung der Post-Merger-Risiken im Rahmen der Due Diligence. Top-Performer führen eine systematische Bewertung von Post-Merger-Risiken im Rahmen einer Merger Due Diligence durch.

Für eine systematische Identifikation von PMI-Risiken im Rahmen der Merger Due Diligence passen Top-Performer sowohl das M&A-Projektmanagement als auch das Teaming im M&A-Prozess an.

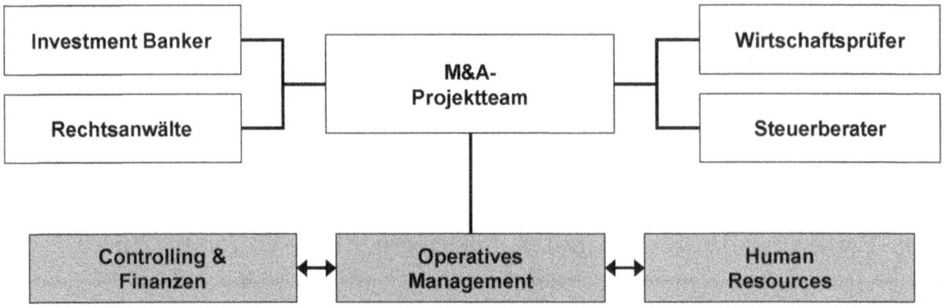

Abb. 31: Projektorganisation Merger Due Diligence

Im Gegensatz zum traditionellen M&A-Projektteam-Ansatz, der vor allem durch die Einbindung von internen und externen M&A-Experten gekennzeichnet ist, binden Top-Performer das operative Management im Rahmen der Merger Due Diligence ein.

So kommt dem operativen Management zum Beispiel eine tragende Rolle bei der Adressierung von Synergie-Risiken durch Erarbeitung des Umsetzungskonzepts zu. Denn letztlich kann nur das operative Management die Sinnhaftigkeit von Maßnahmen zur Synergieumsetzung beurteilen und für die Umsetzung der definierten Maßnahmen und Synergien verantwortlich zeichnen. Ferner kann das operative Management im Rahmen einer Merger Due Diligence Struktur-Risiken durch den Abgleich von Geschäftsprozessen zwischen dem eigenen Unternehmen und dem Targetunternehmen identifizieren. Dies gilt sowohl für produkt- und marktseitige Prozessunterschiede als auch im Hinblick auf mögliche Unterschiede bei der Wertschöpfungstiefe zwischen den Unternehmen. Eine wichtige Rolle spielt das operative Management auch bei der Identifikation von People-Risiken. Durch Identifikation von Leistungsträgern in den Organisationen und Kenntnis der Geschäftsanforderungen kann das operative Management die neuen Führungsstrukturen plausibilisieren und auf personelle Machbarkeit hin überprüfen. Auch bei der Identifizierung von Projekt-Risiken kommt dem operativen Management eine wichtige Rolle im Rahmen der Merger Due Diligence zu. Dies gilt einerseits im Hinblick auf die Identifikation von Know-how-Trägern für die personelle Besetzung der Integrationsleitung und der Projektorganisation insgesamt. Andererseits hat das operative Management im Regelfall auch den besten Überblick über die zeitliche Belastung von Leistungsträgern und verfügt über die entsprechenden Stellhebel, um Kernmitarbeiter im Sinne der Integrationsanforderungen zeitlich zu disponieren.

Vertraulichkeit, Transaktionssicherheit und Ressourcenverfügbarkeit setzen der Einbindung des operativen Managements im Rahmen der Merger Due Diligence natürliche Grenzen. Allerdings wägen Top-Performer diese Grenzen gegen eine durchschnittliche Misserfolgsquote von über 60 Prozent kritisch ab und binden das operative Management stärker im Rahmen der Due-Diligence-Prüfungen ein. Durch die verstärkte Einbindung des operativen Managements im Rahmen der Merger Due Diligence werden auch neue Anforderungen an das Teaming von operativem Management einerseits und Stabsexperten andererseits gestellt. Denn die lückenlose Identifizierung von PMI-Risiken setzt ein intensives Miteinander von Stab und Linie voraus. Gerade im Falle selbstbewusster Stabsabteilungen, die auf eine lange Historie erfolgreicher M&A-Transaktionen verweisen können, nicht unbedingt eine Selbstverständlichkeit. Je leistungsstärker und erfolgreicher die Stabsressourcen in der Vergangenheit gewesen sind, desto größer mögliche Befindlichkeiten.

Die Existenz einer M&A-Abteilung ist kein Garant für Integration Excellence

„Die Herausforderungen bei der Integration von Firmen sind größer bzw. schwieriger als Unternehmenskäufe ohne Integrationen". Dieser Aussage stimmen 95 Prozent der von uns befragten M&A-Verantwortlichen zu (vgl. S. 104 ff.). Es ist im deutschen M&A-Alltag also angekommen, dass Post-Merger-Integrationen riskante Ereignisse für Unternehmen und deren Führungskräfte sind. Allerdings, trotz des Wissens um die Gefahren einer Post Merger Integration ergreifen nur wenige Manager auch geeignete Maßnahmen zur Adressierung dieser Risiken. Also woran liegt es, dass erfahrene M&A-Manager bei Post Merger Integration trotz vorhandenem Risikobewusstsein nicht auch entsprechend handeln?

Eine Antwort auf diese Frage gibt eine Statuserhebung, die Deloitte im Frühjahr 2009 im Zuge einer bundesweiten Veranstaltungsreihe unter 71 M&A-Verantwortlichen durchgeführt hat.[4]

Demnach sind mit 56 Prozent bei mehr als der Hälfte der befragten Unternehmen die Abteilungsverantwortlichkeiten für das Thema Post Merger Integration nicht eindeutig geregelt. Steht also eine Post Merger Integration ins Haus, so muss in jedem zweiten Unternehmen erst einmal geklärt werden, welche Abteilung denn überhaupt zuständig ist, bevor es mit der konkreten Integrationsarbeit losgehen kann. Und dass obwohl 65 Prozent der befragten Unternehmen über eine M&A-Abteilung verfügt. Die bloße Existenz einer M&A-Abteilung lässt also noch lange nicht auf die Leistungsfähigkeit eines Unternehmens im Hinblick auf Post Merger Integration schließen.

Demnach überrascht es auch wenig, wenn 70 Prozent der befragten M&A-Manager mit Nein antworten, wenn sie danach gefragt werden, ob ihr Unternehmen über eine definierte Vorgehensweise bei Post Merger Integration verfügt. Weiter befragt nach dem Standardisierungsgrad dieser PMI-Vorgehensweise antworten insgesamt nur rund 15 Prozent hoch bzw. sehr hoch. In anderen Worten: Nur eins von sieben Unternehmen verfügt überhaupt über eine mehr oder weniger tragfähige Vorgehensweise bei Firmenintegrationen. Und erneut: Die Existenz einer M&A-Richtlinie alleine ist noch lange kein Garant dafür, dass Unternehmen auch über eine dezidierte Vorgehensweise bei Post Merger Integration verfügen; besitzen doch 83 Prozent der befragten Unternehmen mehr oder weniger ausgearbeitete Firmenstandards für den Unternehmenserwerb:

---

[4] Vgl. Deloitte & Touche Wirtschaftsprüfungsgesellschaft GmbH (Hrsg.), Post Merger Integration – Russian Roulette for Managers, Düsseldorf 2009.

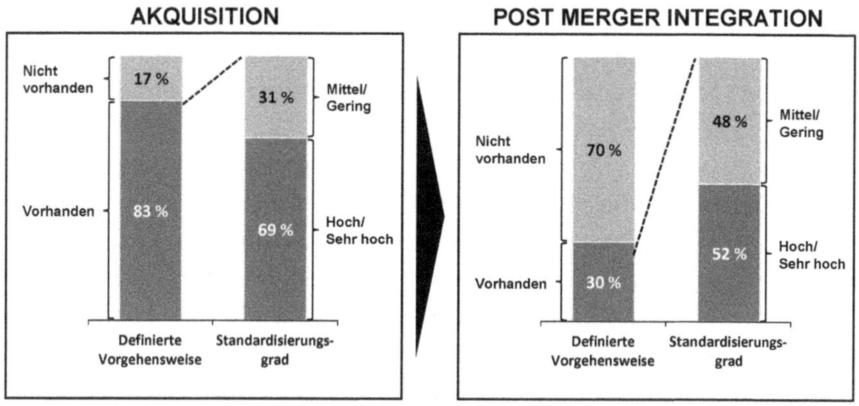

Abb. 32: Vergleich Existenz und Standardisierungsgrad Vorgehensweise bei M&A und PMI

Quelle: Deloitte & Touche Wirtschaftsprüfungsgesellschaft GmbH, 2009.

Die skizzierten Ergebnisse sprechen eine eindeutige Sprache und legen den Schluss nahe: Auch gestandene M&A-Verantwortliche handeln in Sachen Post Merger Integration deshalb entgegen ihrer eigenen Risikoeinschätzung, weil schlichtweg die organisatorischen Voraussetzungen fehlen und das erforderliche Instrumentarium nicht vorhanden ist. Im Vergleich zum reinen Unternehmenserwerb (ohne Post Merger Integration), bei dem die meisten Unternehmen über eine mehr oder weniger ausgearbeitete Vorgehensweise verfügt und Verantwortlichkeiten eindeutig festgelegt sind, existiert beim Thema Post Merger Integration eher Anarchie, wo weder die erforderlichen Arbeitsschritte klar definiert noch verantwortliche Ansprechpartner benannt sind.

Die transaktionsbezogenen Kompetenzen von M&A-Abteilungen müssen um PMI-Fähigkeiten erweitert werden

Dass die Verantwortlichen in den Unternehmen diesen Handlungsbedarf mittlerweile erkannt haben, belegen die Ergebnisse einer weiteren Deloitte-Befragung aus dem Jahr 2011, bei der insgesamt 68 M&A-Verantwortliche deutscher Unternehmen hinsichtlich der Bedeutung verschiedener Kompetenzen beim Unternehmenserwerb befragt worden sind.[5]

Diese Befragung belegt, dass sowohl die Planung als auch die Durchführung von Post-Merger-Integrationen bereits heute als wichtige Unternehmenskompetenz eingestuft wird. So bewertet jeder Dritte der befragten M&A-Verantwortlichen die Bedeutung einer PMI-Risikobewertung während der Due Diligence (75 Prozent) sowie die Vorbereitung und Durchführung einer Post Merger Integration (74 Prozent) als hoch bzw. sehr hoch. Ähnliches gilt für die Ermittlung und die Modellierung von Synergien, deren aktuelle Bedeutung von 70 Prozent der befragten M&A-Verantwortlichen als hoch bzw. sehr hoch eingestuft wird.

Weiter zeigt die Befragung auch, dass PMI-Fähigkeiten zukünftig noch wichtiger werden; dies gilt insbesondere im Vergleich zu den traditionellen M&A-Fähigkeiten mit primärem Fokus auf die Zeit bis zur Vertragsunterzeichnung – wie zum Beispiel Financial Due Diligence, Vertragsverhandlung/-gestaltung, Tax Due Diligence sowie Unternehmensbewertung. So kommt jeder vierte M&A-Manager zu der Einschätzung, dass die Kompetenz zur Durchführung einer PMI-Risikobewertung vor dem Closing sowie Fähigkeiten zur Planung und Durchführung von Post Merger Integration zukünftig noch wichtiger werden. Ferner gehen 19 Prozent der Befragten davon aus, dass Fähigkeiten im Zusammenhang mit der Synergieermittlung und –modellierung zukünftig ebenfalls wichtiger werden.

[5] Vgl. Deloitte & Touche Wirtschaftsprüfungsgesellschaft GmbH (Hrsg.), Corporate M&A – Kompetenzen und Trends, Düsseldorf 2011.

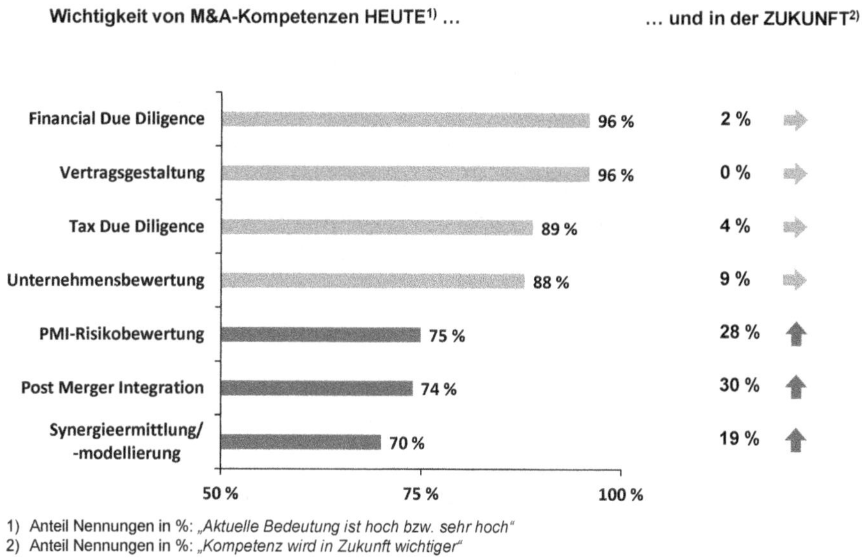

Abb. 33: Wichtigkeit von Kompetenzen heute und in Zukunft

Quelle: Deloitte & Touche Wirtschaftsprüfungsgesellschaft GmbH, 2011.

Auch die Ergebnisse der 2011er Befragung sind eindeutig: die M&A-Verantwortlichen in Deutschland haben erkannt, dass für erfolgreiche Firmenintegrationen transaktionsbezogene Kompetenzen alleine nicht ausreichen. Vielmehr müssen die traditionellen M&A-Kompetenzen im Hinblick auf Post Merger Integration ergänzt werden. PMI-Kompetenzen werden damit zu einem festen Bestandteil des Kompetenzprofils von Unternehmen. Eine etablierte M&A-Abteilung muss ihr Kompetenz-Portfolio entsprechend weiterentwickeln, will sie weiterhin der primäre Ansprechpartner des Top-Management bei Unternehmenstransaktionen sein.

FAZIT: Top-Performer differenzieren ihre Vorgehensweise bereits in der Due Diligence. Bei Akquisition *mit* anschließender Integration identifizieren Top-Performer Post-Merger-Risiken durch eine spezifische Merger Due Diligence, bei der das operative Management eingebunden wird. Die bloße Existenz einer M&A-Abteilung ist dabei kein Erfolgsgarant.

Fallbeispiel: SAP AG

Merger Due Diligence: Systematische Identifikation von PMI-Risiken

Die SAP AG mit ihrem Stammsitz in Walldorf ist führender Anbieter von Unternehmenssoftware. Seit der Gründung im Jahr 1972 ist das Unternehmen kontinuierlich gewachsen. Neben der organischen Weiterentwicklung des eigenen Produkt- und Serviceportfolios setzt SAP bei seiner Wachstumsstrategie auch auf die gezielt selektive Akquisition von spezifischen Technologien und Fähigkeiten.

Gesprächspartner Dr. Karl Michael Popp, Director Corporate Development bei der SAP AG.

Welche Merger-Integrations-Risiken gibt es Ihren Erfahrungen zufolge?

Jede Übernahme einer Firma ist mit zahlreichen Risiken behaftet. Zum einen können in dem Zielunternehmen unangenehme Überraschungen lauern, zum anderen birgt aber auch die Integration selbst viele Gefahren. Last but not least können ebenfalls in der Organisation und der Strategie des akquirierenden Unternehmens Risiken vorhanden sein.

Es gibt viele Beispiele, was bei einem Merger passieren kann. Gerade in der Software-Industrie geschieht es nicht selten, dass Mitarbeiter das Zielunternehmen verlassen und ihr Firmenwissen „mitnehmen". Daher sind folgende Punkte für den Erfolg eines Integrationsprozesses von entscheidender Bedeutung: Wie kann ich relevante Mitarbeiter zum Bleiben motivieren? Bestehen Möglichkeiten, ihr Know-how zu dokumentieren und nachhaltig dem Unternehmen zur Verfügung zu stellen? Ist das Zielunternehmen auch wirklich im Besitz aller Rechte am geistigen Eigentum?

Projektrisiken im Rahmen eines Mergers und der darauf erfolgenden Integration ergeben sich bereits bei der Definition des Projektumfangs, der Einschätzung des notwendigen Ressourcenaufwands sowie anlässlich der Koordination seiner Durchführung.

Wie lassen sich die Risiken der Merger Integration klassifizieren?

Meine Empfehlung lautet, dass jedes Unternehmen die Klassifikation der Synergie-, Struktur-, People- und Projekt-Risiken als Grundlage bei der Identifizierung von Risiken heranziehen und darüber hinaus auch die unternehmensspezifischen Probleme ermitteln sollte. Diese lassen sich in einem Risikokatalog zusammenfassen und anschließend bei der konkreten Due Diligence um weitere projektspezifische Risiken ergänzen. Auf diese Weise erhält man eine äußerst solide Grundlage für das gesamte Risikomanagement.

Wie kann man Risiken am besten aufspüren?

Auf jeden Fall ist eine strukturierte Herangehensweise ratsam. Diese beruht im Regelfall auf einem unternehmensspezifischen Risikokatalog, der in jeder Due Diligence verwendet wird. Doch zuallererst sollte das Projekt und seine Integration von einer neutralen Perspektive aus durchleuchtet werden. Daraufhin können im Rahmen eines Risiko-Workshops gemeinsam mit allen beteiligten Experten und Führungskräften die ganz projektspezifischen Risiken identifiziert und bewertet werden.

Wichtig ist dabei immer, eine möglichst neutrale Position einzunehmen und zu bewahren. All das dient nicht nur der kritischen Hinterfragung von Hypothesen bezüglich der Übernahme und Integration, sondern ebenfalls einer Konkretisierung der gesamten zu erfolgenden Planung. Dies kann im Regelfall vom Finanzbereich und den zur Unterstützung von Akquisitionen abgestellten zentralen Einheiten der Organisation geleistet werden.

Welche Risiken sind dabei am häufigsten anzutreffen?

Meine Erfahrungen haben gezeigt, dass es gewisse Risiken gibt, die bei einer Akquisition immer wieder zu beobachten sind. Dabei handelt es sich in erster Linie um personelle Fluktuationen, gravierende Unterschiede in der Unternehmenskultur sowie eine Unterschätzung des eigentlichen Integrationsaufwands und den Anforderungen an die Projektsteuerung im Fall von komplexeren Integrationen.

Welche Risiken können dabei die verheerendsten Auswirkungen haben?

Diese Frage muss man immer im Zusammenhang mit der Größe des kaufenden und des zu kaufenden Unternehmens betrachten. Bei kleineren akquirierten Firmen kann bereits der Weggang einiger weniger wichtiger Mitarbeiter großen Einfluss auf den Erfolg eines Mergers haben. Oftmals aber krankt die Integration an der mangelnden Erfahrung der involvierten Projektmitglieder sowie einer unzureichenden Ausstattung mit Ressourcen auf Seiten des akquirierten Unternehmens.

Bei großen Firmen dagegen werden häufig die Komplexität und der notwendige Aufwand der Integration unterschätzt. Darüber hinaus beinhalten auch die kulturellen Differenzen zwischen dem kaufenden und zu kaufenden Unternehmen ein stets wiederkehrendes Risiko-Potenzial. Mittelgroße Firmen zeigen bei Mergers eher Mischformen der Probleme, wie sie bei den kleinen oder großen Unternehmen zu finden sind. Obwohl die Ressourcenausstattung oftmals besser ist und nicht selten mehr Erfahrungswerte vorliegen als bei kleineren Firmen, gibt es die von dort bekannten Risiken. Aber auch das akquirierende Unternehmen kann durch Fehlentscheidungen erhebliche Verwerfungen erzeugen und den Erfolg einer Integration negativ beeinflussen. Beispiele dafür finden sich in überraschenden Strategiewechseln oder plötzlichen Änderungen der empfangenden Organisation mitten im Verlauf des Integrationsprozesses.

Wenn Risiken einmal identifiziert sind, wie soll man anschließend mit ihnen umgehen?

Aus meiner Sicht gibt es vier ganz typische Ansätze für den Umgang mit Risiken: Ignorieren und Beobachten oder aber aktives Initiieren von Gegenmaßnahmen und der Verkauf. Natürlich ist der erste Ansatz der einfachste, aber auch der gefährlichste Weg. Deshalb empfiehlt er sich nicht wirklich, auch dann nicht, wenn die Wahrscheinlichkeit dieser Risiken minimal ist. Vielleicht sollte ich an dieser Stelle anmerken, dass wir dabei nicht von Wahrscheinlichkeiten im statistischen Sinne sprechen, sondern eher von Mutmaßlichkeiten, also Mutmaßungen über die Eintrittswahrscheinlichkeiten. Auch ein Risiko mit einer niedrigen Eintritts-Mutmaßlichkeit kann demzufolge jederzeit eintreten und zwar gerade deshalb, weil man seine Wahrscheinlichkeit nicht kennt.

Beobachten erscheint als der sinnvollste Schritt bei Risiken, die wenig wahrscheinlich sind oder kaum Konsequenzen für den Projekterfolg haben können. Sie werden erkannt und regelmäßig daraufhin geprüft, ob sich ihre Eintrittswahrscheinlichkeit und damit ihr Einfluss auf den Projekterfolg geändert haben. Entsprechend lassen sich im Fall eines zu erwartenden Gefährdungspotenzials rechtzeitig aktive Gegenmaßnahmen ergreifen.

Aber man kann bereits im Vorfeld agieren und Gegenmaßnahmen in Angriff nehmen, wenn das Eintreten von Risiken aus ganz pragmatischen oder politischen Gründen vermieden werden soll. Ein Beispiel dafür ist der drohende Weggang von relevanten Mitarbeitern, der sich durch vertragliche Regelungen zumindest temporär verhindern lässt. Auf diese Weise kann Zeit gewonnen werden, die aktiv dazu genutzt wird, deren relevantes Wissen über Produkte oder Arbeitsabläufe in dem zu kaufenden Unternehmen auf andere Personen zu übertragenen oder gegebenenfalls zu dokumentieren.

Teil III:

Best Practices – Was Sie von Spitzenunternehmen lernen können

In den vorangegangenen Kapiteln wurde gezeigt, dass das Fundament für Integration Excellence bereits während der Due Diligence gelegt wird. Nur wenn es gelingt, die Merger-Risiken richtig zu erkennen und vor allem zu bewerten, besteht Aussicht auf Erfolg bei der Post Merger Integration. Aber selbst eine gute Merger Due Diligence ist keine Garantie für den Integrationserfolg, denn schließlich bildet sie nur die informatorische Grundlage für die zu ergreifenden Integrationsmaßnahmen. Aber auch hier trennt sich wieder die Spreu vom Weizen. Unsere Ergebnisse zeigen, dass es der kleinen Gruppe der Top-Performer – aufbauend auf den Erkenntnissen ihrer Merger Due Diligence – nicht nur gelingt, die richtigen Maßnahmen zu ergreifen – dies allein schaffen übrigens noch relativ viele Unternehmen –, sondern es ihnen auch gelingt, den Maßnahmeneinsatz richtig zu dosieren und zu timen. Entsprechend lassen sich aufgrund unserer Ergebnisse auch für die Phase der Post Merger Integration Best Practices für den Umgang mit den im Rahmen der Merger Due Diligence ermittelten Synergie-, Struktur-, People- und Projekt-Risiken ableiten.

1 Best Practice Synergie-Risiken: Frühzeitige Übersetzung der Vision in Zahlen

Top-Performer kümmern sich bereits bei der Visionserarbeitung um Synergie-Risiken

Mit 33 Prozent Abweichung vom Durchschnitt ergreifen Top-Performer deutlich intensiver Aktivitäten bei der Erarbeitung einer Vision für das neue Unternehmen.

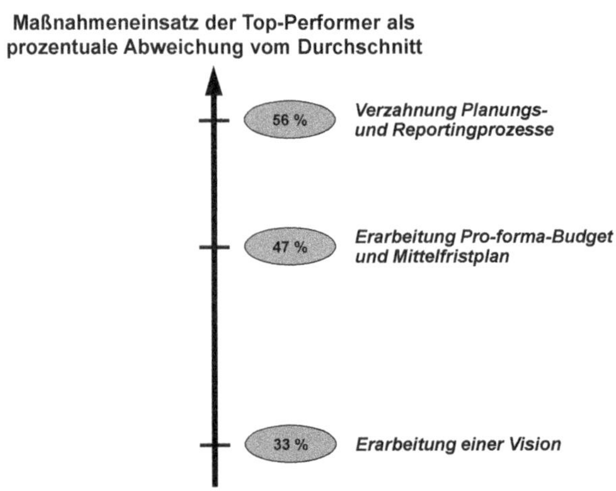

Abb. 34: Maßnahmen zur Adressierung von Synergie-Risiken

Top-Performer nehmen die Vision gewissermaßen als Basislager für die Integrationsexpedition. Denn ohne eine einfach und prägnant formulierte Vision läuft auch das Integrationsmanagement von Top-Performern Gefahr, sich zu verlaufen. Im Gegensatz zu Durchschnittsunternehmen belassen es Top-Performer allerdings nicht bei blumigen Worten. Vielmehr konkretisieren sie ihre Vorstellung von der Unternehmenszukunft und geben ihren Mitarbeitern handfeste Orientierungshilfen. Hierfür beantworten Top-Performer bei der Erarbeitung der Vision drei zentrale Fragen:

- **Wohin wollen wir?**
  Voraussetzung für die Beantwortung dieser Frage ist nicht zuletzt die genaue Kenntnis der eigenen Kompetenzen. Top-Performer führen dabei eine Nabelschau der eigene Stärken und Schwächen im Spiegel der Hauptwettbewerber durch. Sie wissen: Nur wenn das Unternehmen seinen Kunden einen im Vergleich zum Wettbewerb eindeutig höheren Nutzen erbringen kann, wird aus Wettbewerbsfähigkeit mittelfristig Wettbewerbsüberlegenheit.

- **Wann sind wir erfolgreich?**
  Top-Performer belassen es nicht bei rosa Sprechblasen. Vielmehr konkretisieren sie ihre Vision anhand von Zielvorgaben. Sie operationalisieren dabei nicht nur die grobe strategische Stoßrichtung des neuen Unternehmens, sondern liefern auch konkrete Anhaltspunkte für die Bemessung der Zielerreichung, an denen sich Mitarbeiter orientieren und ihr eigenes Verhalten ausrichten können.

- **Welche Fähigkeiten und Werte sind wichtig?**
  Spiegelbildlich zur Definition der Ziele definieren Top-Performer auch Fähigkeiten und Wertvorstellungen, die für die erfolgreiche Umsetzung der Vision erforderlich sind.

Eine Vision muss nun allerdings nicht nur entwickelt werden, sie muss vielmehr auch effektiv kommuniziert werden. Nur so erreichen es Top-Performer, dass Visionen nicht nur auf dem Papier stehen, sondern dass sie auch zur Richtschnur für ein erfolgreiches Integrationsmanagement werden. Kommuniziert wird dabei in aller Regel viel. Es kommt entscheidend darauf an, dass dies auch effektiv erfolgt. Es hat sich gezeigt, dass Top-Performer die Kommunikation der entwickelten Vision nicht dem Zufall überlassen, sondern sich an bewährten Prinzipen erfolgreicher Kommunikation orientieren.

Effektive Kommunikation der Vision:

In zahlreichen Integrationsfällen haben sich die Prinzipien bewährt:

- Häufige Kommunikation auch in Phasen mit vermeintlich eher geringem Kommunikationsbedarf.
- Kommunikation durch eine einzige Quelle, um Inkonsistenzen zu vermeiden.
- Die Wahl des richtigen Tons und die Gestaltung des Kommunikationsprozesses sind genauso wichtig wie die Inhalte selbst.
- „Face-to-face"-Kommunikation ist oft der effektivste Weg, Unsicherheiten und Ängste zu reduzieren.
- Kommunikation muss durch Managementmaßnahmen mit hoher Visibilität und Symbolkraft unterstützt werden.
- Viele kleine Kommunikationsmaßnahmen sind effektiver als einige wenige große.

Top-Performer verringern Synergie-Risiken durch Übersetzung der Vision in Finanzkennzahlen

Im Vergleich zum Durchschnitt belassen es Top-Performer nicht alleine bei der Vision. Top-Performer ergreifen auch deutlich intensivere Maßnahmen bei der Erarbeitung von Pro-forma-Finanzen (+ 47 Prozent). Top-Performer wissen um die große Bedeutung von Planung und Reporting und setzen Maßnahmen zu deren Verzahnung ebenfalls deutlich intensiver ein als der Durchschnitt (+ 56 Prozent). Planungs- und Reportingprozesse bilden gewissermaßen das Rückgrat für das Monitoring der Zielerreichung und liefern damit auch die Voraussetzung für ein erforderliches Gegensteuern.

Top-Performer analysieren sämtliche Synergiequellen systematisch und übersetzen die angestrebten Synergieziele mit hoher Verbindlichkeit in finanzielle Kennzahlen. Hierbei unterscheiden sie sich vom Durchschnitt nicht nur darin, dass sie Synergieziele in G&V- und Bilanz-Positionen übersetzen, sondern auch frühzeitig organisatorische Verantwortlichkeiten für die Synergieumsetzung festlegen.

Ausgewählte Synergien im Überblick

Nutzen von Skalenvorteilen
Economies of Scale bzw. Scope stehen als Schlagworte für Synergiequellen, die sich daraus ergeben, dass das neue Unternehmen *größer* bzw. *breiter* aufgestellt ist. So kann durch Größeneffekte der Spezialisierungsgrad von Ressourcen erhöht oder aber die Ressourcenauslastung verbessert werden (Economies of Scale). Ferner kann das Zusammenbringen komplementärer Produkte und Services zum Beispiel zusätzliche Cross-Selling-Möglichkeiten eröffnen (Economies of Scope).

Restrukturierung von Unternehmens-Assets
Diese Kategorie von Synergien umfasst Möglichkeiten, den Wert der Unternehmens-Assets zu maximieren. Hierzu gehören z. B. Optionen zur Veräußerung bzw. Outsourcing von Unternehmensteilen. Oder aber „sale-and-lease-back"-Möglichkeiten, die dem einzelnen Unternehmen etwa aufgrund unterkritischer Größe bisher verschlossen geblieben sind. Zu diesen Synergien gehören auch sogenannte Hidden Values wie etwa überdimensionierte Pensionskassen, deren überschüssige Beträge in höher verzinsliche Anlageformen und Neuinvestitionen überführt werden können.

Ausschöpfen von Opportunitäten
Unter diese Kategorie fallen Synergien, die sich aus der stärkeren Position des Unternehmens insgesamt ergeben. So können sich aufgrund einer Firmenintegration etwa die Finanzierungsmöglichkeiten durch Zugang zu alternativen Finanzmärkten verbessern. Darüber hinaus kann eine Post Merger Integration auch Ansatzpunkte dafür liefern, um Intangible Assets, wie Patente oder Markennamen, wertsteigernd in der neuen Gesamtorganisation einzusetzen.

Top-Performer quantifizieren nicht nur Synergieerträge, sondern auch Synergiekosten

Top-Performer quantifizieren nicht nur die Synergieerträge, sondern auch die Synergiekosten; also den Aufwand für die Implementierung der angestrebten Synergien. Erst der Vergleich von Brutto-Synergien und Synergiekosten liefert ein realistisches Bild des Wertpotenzials einer Unternehmenszusammenführung. Hierbei fallen in der Regel zwei Arten von Synergiekosten an:

- **Mitarbeiterbezogene Synergiekosten:**
  Das Heben von Synergien ist oftmals mit Personalmaßnahmen verbunden. Dabei fallen regelmäßig Kosten z. B. für die Freisetzung von Personal an. Hierzu gehören z. B. Abfindungszahlungen, Kosten für Outplacement oder aber Kosten für den physischen Umzug von Mitarbeitern von einem Standort zu einem anderen.

- **Anlagebezogene Synergiekosten:**
  Synergiekosten können auch dadurch anfallen, dass Neu-/Erweiterungsinvestitionen in Sachanlagen erforderlich werden. Oder aber es fallen Kosten für Transport und Re-Installation bereits bestehender Anlagen an. Gleiches gilt im Hinblick auf Kosten für Renovierungsarbeiten, Schließung von Standorten oder aber Sanierung von Altlasten.

Bei der Synergieimplementierung fallen aber auch Kosten an, die buchhalterisch nur schwer fassbar sind. Zu diesen versteckten Synergiekosten gehören z. B. entgangene Erträge etwa aufgrund eines temporären Absinkens der Umsatzleistung während der Integration.

FAZIT: **Top-Performer strengen sich im Vergleich zum Durchschnitt deutlich mehr bei Synergie-Risiken an. Sie übersetzen frühzeitig nach dem Closing eine aussagekräftige Vision in harte Finanzkennzahlen, die durch systematisches Monitoring nachverfolgt werden.**

Fallbeispiel: BASF SE

Frühzeitiger Umgang mit Synergierisiken als Schlüssel einer erfolgreichen Integration

Die BASF SE ist eines der führenden Chemieunternehmen der Welt. Mit mehr als 110.000 Mitarbeitern ist die BASF in fast jedem Land dieser Welt vertreten. Seit 2001 wurden weltweit Geschäfte mit einem Umsatzvolumen von 16 Mrd. Euro akquiriert und Geschäfte mit einem Umsatzvolumen von 10 Mrd. Euro devestiert. Dabei orientiert sich das strategische Handeln klar an der Schaffung von Werten, d. h. das Ergebnis muss die Kosten für das eingesetzte Eigen- und Fremdkapital nachhaltig übersteigen.

Gesprächspartner Bernhard Falk arbeitet im Management Consulting (PMI & Carve Out) bei der BASF SE.

Wieso gerät die Frage des Integrationskonzeptes während der Due-Diligence-Phase häufig unter den Tisch?

Das Due-Diligence-Team fokussiert ausschließlich auf legale und finanzielle Risiken des Deals und bereitet den Kaufvertrag vor. Die Arbeit des Teams endet in der Regel mit dem Signing, spätestens jedoch mit dem Closing. Daher ist es nicht nur aus menschlicher Sicht logisch, dass die Frage, wie es nach dem Closing weitergeht, in den Hintergrund tritt. Außerdem sind dafür andere Kompetenzen erforderlich, die in der akuten Integrationsphase relevant werden.

Last but not the least: Das Due-Diligence-Team ist in der Regel während der Transaktionsphase schon mehr als gefordert und hätte gar nicht die Kapazitäten, diesen Teil zu planen.

Warum ist es dennoch sinnvoll, bereits während der Due Diligence ein Integrationskonzept zu entwickeln?

Es ist insbesondere aus strategischer Sicht sinnvoll, das Integrationsthema bereits während der Due Diligence anzugehen, denn so wird die Art und Weise der Integration unterschiedlich und individuell ausfallen. Ein Unternehmen, das in seinem bestehenden Geschäft akquiriert, wird viel eher eine Voll-Integration durchführen als bei einer Akquisition in völlig neue Geschäftsfelder, Technologien und Regionen, mit denen es keine Erfahrung hat.

Bei welchen Integrationen ist besonders vorsichtig vorzugehen?

Insbesondere die Integration herangereifter Start-ups sollte mit Bedacht und Fingerspitzengefühl angegangen werden. In diesen Fällen ist häufig die Unternehmenskultur des angepeilten Targets entscheidend für den Erfolg des Geschäftsmodells – häufig übersehen dies insbesondere Unternehmen mit einer langen Historie. Dabei wird es gegebenenfalls notwendig, intelligente Lösungen der Anbindung an das eigene Unternehmen zu finden – man muss hier zum Teil neue Wege entwickeln.

Wie wirkt sich ein solch individualisiertes Vorgehen aus?

All diese Aspekte haben Auswirkungen auf die insgesamt zu erwartenden Synergien und die Höhe der Integrationskosten, wobei die Einschätzungen zu Synergien und Kosten dann wieder relevant für das Transaktionsteam werden. Unter Umständen kann das sogar dazu führen, dass die Verhandlungen nicht weitergeführt werden, weil man feststellen muss, dass das neue Geschäft später nicht unter dem eigenen Dach erfolgreich geführt werden kann.

Wie gehen Sie bei der Entwicklung des Integrationskonzeptes vor?

Selbstverständlich versuchen wir, höchst individuell und fall-spezifisch vorzugehen. Zunächst einmal sollte bereits zu Beginn der Due Diligence der Integrationsmanager benannt werden. Er muss operative Erfahrung mitbringen, aber nicht notwendigerweise bereits in der Due Diligence Vollzeit auf dem Thema arbeiten. Diese Frage ist letzten Endes von der Größe des Deals abhängig. Zudem sollte er ggf. von einem Experten unterstützt werden, der Erfahrung in der Analyse von Geschäftsmodellen hat.

Worin bestehen die konkreten Aufgaben eines solchen Integrationsmanagers?

Die Aufgabe des Integration Managers in der Due Diligence ist es, das Geschäftsmodell und die wesentlichen Erfolgsfaktoren des „Target", so weit wie zu diesem Zeitpunkt im Projekt möglich, zu analysieren und zu verstehen. Zugleich sollte er mit diesen Informationen in den Dialog mit den Facheinheiten treten und mit ihnen diskutieren, welche Konsequenzen daraus für deren Integrationsansatz resultieren könnten. Dies können Themen sein wie die Frage, ob die Supply Chain voll integrierbar ist und damit die Standards und Prozesse des übernehmenden Unternehmens vollständig ausgerollt werden können. Es kann aber auch die umgekehrte Frage sein, ob Systeme, Prozesse und auch Gepflogenheiten des anderen Unternehmens übernommen werden sollten, um den Erfolg der neuen Kollegen unter dem Dach des eigenen Unternehmens weiterhin zu gewährleisten. Zwangsläufig muss zu diesem Zeitpunkt im Projekt mit Hypothesen gearbeitet werden, die dann zu Beginn der Integration verifiziert, verfeinert und unter Umständen auch revidiert werden.

Wie gehen Sie bei BASF dabei konkret vor?

Bei BASF gehen wir immer von der Grundannahme aus, dass wir vollständig integrieren können. Die Argumente, es abweichend von den eigenen Standards und Prozessen zu machen, müssen überzeugen, denn mit jeder Abweichung vom Standard handeln wir uns zusätzliche Komplexität in der Zukunft ein. Auch sollten die Alternativen zum eigenen Standard schon vorab definiert werden, um der Beliebigkeit der abweichenden Lösungen nicht Tür und Tor zu öffnen oder anders gesprochen, um die zukünftige Vielfalt und Komplexität in geordneten Bahnen laufen zu lassen.

Lassen sich die von Ihnen gegebenen Vorgehensweisen in irgendeiner Weise standardisieren?

Da bin ich skeptisch. Jedes Integrationskonzept ist insgesamt sehr stark abhängig davon, wie das eigene Unternehmen aufgebaut, organisiert und kulturell geprägt ist. Eine Standardempfehlung kann hier nicht ausgesprochen werden.

2 Best Practice Struktur-Risiken: Über Mitarbeiterincentivierung die strukturelle Verzahnung sicherstellen

Die Verzahnung der Führungsorganisation bildet den Kern zur Adressierung von Struktur-Risiken

Die strukturelle Verzahnung der Führungsorganisationen stellt regelmäßig die Frage nach der Aufgabenverteilung zwischen Führungsorganisation auf der einen und den operativen Geschäftsbereichen auf der anderen Seite. Konkret also, in welchem Ausmaß Entscheidungen zentral bzw. dezentral getroffen werden.

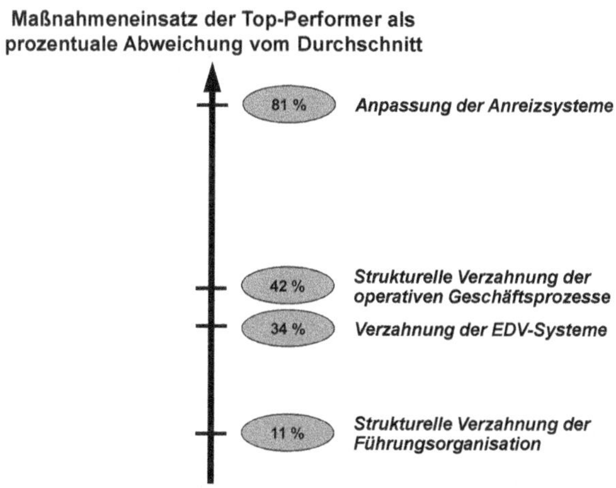

Abb. 35: Maßnahmen zur Adressierung der Struktur-Risiken

Mit einem Wert von 11 Prozent unterscheiden sich Top-Performer bei der Beantwortung dieser Frage nur kaum von dem Durchschnitt. Allerdings beantworten Top-Performer die Frage nach der Rolle der Führungsorganisation deutlich konsequenter aus Sicht der angestrebten Synergieziele. Dabei hängt der erforderliche Verantwortungsspielraum der Führungsorganisation davon ab, welche Aktivitäten zur Umsetzung der angestrebten Synergieziele zentral ausgeführt werden müssen. Reicht es für die Umsetzung der angestrebten Synergien zum Beispiel aus, dass die Unternehmenszentrale sich im Sinne einer Holding auf die Zuweisung von Finanzmitteln und regelmäßiges Monitoring beschränkt? Oder aber muss die Unternehmenszentrale stärker in das operative Geschäft eingreifen; müssen also ausgewählte Aufgabenbereiche, etwa im Sinne eines Shared-Service-Konzepts, zentral auf Ebene der Führungsorganisation durchgeführt werden? Die Rolle der Unternehmenszentrale, also die Aufgabenverteilung zwischen Führungsorganisation und operativen Einheiten, wird von Top-Performern regelmäßig bei der Zusammenführung von Unternehmen im Lichte der angestrebten Synergien neu hinterfragt.

Illustrative Aufgaben von Führungsorganisationen

Finanzholding
Der Tätigkeitsschwerpunkt einer Finanzholding besteht darin, die Budgets auf die verschiedenen operativen Bereiche zu verteilen und finanzielle Reviews durchzuführen. Die operativen Einheiten haben sowohl strategisch als auch operativ umfassende Freiheiten und Autonomie. Demzufolge ist die Unternehmenszentrale ressourcenseitig nur mit einer dünnen Decke ausgestattet.

Strategic Architect
Der Strategic Architect legt zusätzlich die strategische Stoßrichtung der operativen Geschäftsbereiche fest. Meist handelt es sich hierbei um Analyse- und Planungsaktivitäten auf Ebene von Branchen bzw. Industrien. Ziel ist, das Portfolio an operativen Unternehmensaktivitäten auf strategisch wichtige Wachstumsbranchen zu fokussieren.

Controller
Der Controller führt detaillierte Management Reviews und selektive Eingriffe in das operative Geschäft durch. Die Planung auf Ebene der Produkt-Markt-Ebene wird typischerweise in der Zentrale durchgeführt. Dafür müssen die Voraussetzungen in puncto Ressourcen und Ausstattung vorhanden sein. Wichtige Parameter für den Controller sind vor allem operative Erfolgskenngrößen.

Operator
Beim Operator sind auf Ebene der Führungsorganisation zahlreiche operative Funktionen, wie z. B. Einkauf oder Administration, angesiedelt. Durch diese Fülle operativer Aufgaben mit deutlich funktionalen Schwerpunkten sind auf Ebene der Führungsorganisation umfassende Ressourcen angesiedelt. Der Freiheitsgrad der operativen Einheiten ist dementsprechend stark eingeschränkt.

Top-Performer adressieren Struktur-Risiken durch proaktive Unterstützung des operativen Managements

Top-Performer verwenden auf die strukturelle Integration der operativen Geschäftsbereiche mit einem Wert von 42 Prozent deutlich höhere Anstrengungen als der Durchschnitt. Sie legen dabei Geschäftsbereiche nicht nur auf dem Papier zusammen, sondern verzahnen zentrale betriebliche Abläufe inklusive der dazugehörigen EDV-Systeme (34 Prozent über dem Durchschnitt).

Top-Performer nutzen dabei die mit der Integration verbundenen Veränderungserwartungen, um operatives Verbesserungspotenzial umzusetzen. So werden bei Top-Performern Veränderungen, über die vor der Zusammenführung allenfalls nachgedacht wurde, im Kontext einer Post Merger Integration zum konkreten Diskussionsgegenstand. Top-Performer nutzen Post-Merger-Integrationen regelmäßig dazu, um Ansatzpunkte für Prozessverbesserungen umzusetzen.

Illustrative Ansatzpunkte für Prozess-Verbesserungen

- **Parallel- und Doppelbearbeitung:**
  Verschiedene Organisationseinheiten sind mit ähnlichen – im Extremfall identischen – Aufgaben beauftragt. Jede Einheit arbeitet mit eigenem oft unzulänglichen Know-how und eigenen Mitteln – und weiß nicht, dass andere das Gleiche oder Ähnliches tun. Bei der späteren Kontrolle der Teilergebnisse kommt es zu Abstimmungsschwierigkeiten.

- **Übertriebene Zentralisierung:**
  Bearbeitungsschritte werden stufenweise zentralisiert und dezentralisiert. Diese Vorgehensweise führt zu erhöhten Durchlaufzeiten und Termindruck.

- **Zu lange Wege durch die Organisation:**
  Prozessschritte durchlaufen sequenziell zahllose Organisationseinheiten. Die Prozessdurchlaufzeit ist gezwungenermaßen sehr lang, die Gefahr von ungewollter Verschleppung, Informationsschwund und Aktualitätsverlust sehr hoch.

- **Engpässe:**
  Informationen bzw. Unterlagen werden systematisch auf eine Organisationseinheit konzentriert. Es handelt sich hier um eine starke Bündelung von Entscheidungsbefugnissen oder Bearbeitungs-Know-how. Durch Engpassbildung entstehen lange Durchlaufzeiten.

- **Unklare Entscheidungsfindung:**
  Informationen und/oder sonstige Arbeitsergebnisse werden parallel an verschiedene Stellen weitergereicht, wobei unklar ist, ob eine, mehrere oder alle Stellen, z. B. durch Stellungnahmen, Einsprüche, Zusatzinformationen etc., reagieren. Es entstehen lange Liegezeiten, Terminüberschreitungen, Doppelarbeiten und Kompetenzgerangel.

Anpassung von Anreizsystemen spielen bei Top-Performern eine große Rolle beim Umgang mit den Struktur-Risiken

Top-Performer wissen, dass Anreizsysteme auch eine große Rolle bei der Harmonisierung der Organisationsstrukturen spielen. Sie setzen deshalb deutlich intensivere Maßnahmen zur Anpassung von Anreizsystemen ein; der Wert liegt mit 81 Prozent weit über dem Durchschnitt. Ziel der Top-Performer ist es, über Anreize die Struktur-Risiken in den Griff zu bekommen.

Was die Motivation der Mitarbeiter angeht, gelten hier die gleichen Spielregeln wie im normalen Betriebsalltag: Von den berühmten Ausnahmefällen einmal abgesehen zeigen Mitarbeiter nur dann das gewünschte Verhalten, wenn sie dafür auch belohnt werden. Erschwerend kommt bei Integrationen allerdings hinzu, dass die bekannten Anreizstrukturen durch den Unternehmenszusammenschluss zumindest temporär in Frage gestellt werden. Auf Seiten der Mitarbeiter entsteht dadurch Unsicherheit, wie die Anreize zukünftig gestaltet sind und was dafür getan werden muss. Top-Performer verlassen sich insofern nicht auf die bereits vorhandenen Anreizsysteme, denn diese sind naturgemäß nicht für die Integrationen der Organisationsstrukturen konzipiert. Struktur-Risiken lassen sich nur beherrschen, wenn auch die existenten Anreizsysteme entsprechend angepasst werden.

Top-Performer schaffen in dieser ambivalenten Situation sehr konkrete Anreize, die eine proaktive Unterstützung der Integrationsbemühungen belohnen. Es kommt zu einer bewussten Incentivierung der Integrationsfortschritte mit Blick auf den Abbau der Unterschiede in der Aufbau- und Führungsorganisation und die Vereinheitlichung heterogener Prozessstrukturen. So verankern Top-Performer z. B. die Erreichung von entsprechenden Integrationszielen in den MBOs der Führungskräfte oder aber führen eine Bewertung der Mitarbeiterleistung in den Integrations-Teams durch. Durch Ausrichtung der Anreizsysteme auf die Struktur-Risiken stellen Top-Performer sicher, dass die Anreiz-Beitragsstrukturen in Einklang mit den Integrationszielen stehen.

FAZIT: **Bei der Adressierung von Struktur-Risiken investieren Top-Performer viel Energie in die operative Verzahnung. Anstelle eines Durchwurschtelns tritt auf Ebene der operativen Integration frühzeitig ein durch geeignete Incentivierung unterstützter Prozess, der die strukturelle und systemseitige Verzahnung des Tagesgeschäfts gewährleistet.**

Fallbeispiel: CLAAS KGaA mbH

Die Integration von Strukturen und Prozessen durch ein motiviertes und pro-aktives Integrationsteam sicherstellen

Das im Jahr 1913 von August Claas in Clarholz/Westfalen gegründete Unternehmen CLAAS ist seit vielen Jahren europäischer Marktführer im Bereich Mähdrescher sowie Weltmarktführer im Segment Selbstfahrende Feldhäcksler. Seine Spitzenposition konnte CLAAS in allererster Linie durch ein solides und organisches Wachstum erreichen. Doch immer wieder tätigte CLAAS auch interessante Akquisitionen. Wie zum Beispiel 2003, als man die Traktorensparte von Renault mit ihrem auf Frankreich fokussierten Schwerpunkt erwarb und damit erstmals in das Geschäft mit Traktoren einstieg. Durch diese Übernahme eröffneten sich für das weltweit aufgestellte CLAAS-Vertriebsnetz zusätzliche Wachstumschancen, denn CLAAS selbst konnte durch die Erweiterung der Produktpalette seine Attraktivität deutlich steigern.

Gesprächspartner Mathias Westerbarkei verantwortete die kaufmännische Integration in Frankreich und leitet heute bei CLAAS den Bereich Mergers & Acquisitions.

Mit welcher Haltung sind Sie an das Integrationsprojekt herangegangen?

Die Integration der unter dem Namen Renault Agriculture firmierenden Traktorensparte wurde bereits im Vorfeld während der Due-Diligence-Prüfung sehr sorgfältig vorbereitet. Dabei lautete unser Motto „Growing Together", was auf zwei Ebenen zu verstehen ist. Zum einen sollte es beiden Unternehmen gemeinsam gelingen, in der Zukunft profitabel zu wachsen. Zum anderen lautete unser erklärtes Ziel, im Rahmen des Zusammenwachsens einen möglichst hohen Integrationsgrad zu erreichen. Dies konnte nur deshalb gelingen, weil wir über ein ausgesprochen motiviertes und pro-aktives Projektteam verfügten und unsere Mitarbeiter sich für den Wandel bereit zeigten.

Betraf diese Bereitschaft zum Wandel auch die Mitarbeiter der Traktorensparte oder gab es dort Widerstände? Und wie ist das Projektteam damit umgegangen?

Bei jeder Akquisition machen sich die Mitarbeiter des zu übernehmenden Unternehmens verständlicherweise viele Sorgen. Werde ich meine Arbeit behalten? Wird mein Verantwortungsbereich vielleicht eingeschränkt? Daher ist es von entscheidender Bedeutung, möglichst frühzeitig sowohl das Management als auch alle Mitarbeiter über anstehende Veränderungen zu informieren und in der Kommunikation viel Transparenz zu zeigen. Anderenfalls besteht das Risiko, in der Integrationsphase kompetente Kollegen zu verlieren oder mit einer Verweigerungshaltung konfrontiert zu werden. Wir haben deshalb immer wieder erklärt, dass wir trotz unterschiedlicher Herkunft nun alle Kollegen sind und an einem Strang ziehen, um gemeinsam als Unternehmen zu wachsen.

Wie sind Sie dann bei der Integration vorangegangen?

Auf jeden Fall waren schnelle Entscheidungen notwendig, um alle Unsicherheiten Schritt für Schritt zu beseitigen und den Wandel gemeinsam voranzubringen. Zu diesem Zweck wurde eigens ein „Program Office" ins Leben gerufen, das in enger Koordination mit dem Top-Management sehr autonom viele Entscheidungen treffen durfte. Darüber hinaus wurden die eigentlichen Integrationsteams gleichermaßen mit einer Doppelspitze aus Vertretern des mittleren Managements von CLAAS und der Traktorensparte besetzt. Alle relevanten Veränderungen mussten also gemeinsam beschlossen werden, wobei im Falle gelegentlicher Unstimmigkeiten dem „Program Office" dabei die Rolle eines Schiedsrichters zukam. Durch diese formale Gleichrangigkeit zwischen Deutschen und Franzosen konnte sehr erfolgreich ein hohes Maß an Akzeptanz aller die Zukunft betreffenden Entscheidungen erreicht werden.

Welche Maßnahmen haben zu diesem Erfolg geführt?

Alle zwei Wochen erhielten sowohl die Mitarbeiter von CLAAS als auch der Traktorensparte den Newsletter namens „update". Dieser enthielt unter anderem zahlreiche Interviews, so dass sich beide Seiten ein konkreteres Bild von den neuen Kollegen machen konnten, die kulturellen Besonderheiten von Frankreich und Deutschland besser kennenlernten und über alle Fortschritte der Integration auf dem neuesten Stand gehalten wurden. Zur Verbesserung der interkulturellen Kompetenzen gab es in beiden Ländern Treffen der Integrationsteams, die regelmäßig mindestens alle zwei Wochen stattfanden. All das führte zu einer deutlich schnelleren Umsetzung der Integrationsschritte, weil durch diese vertrauensbildenden Maßnahmen die Akzeptanz für Veränderungen wesentlich gesteigert werden konnte. Des Weiteren organisierten wir Seminare, in denen die Unterschiede in den Geschäftskulturen zwischen Deutschland und Frankreich zur Sprache kamen. Ganz am Anfang der Integration stand aber auch eine gemeinsame Segeltour des mittleren sowie des Top-Managements von CLAAS und Renault Agriculture, um so auf Basis persönlicher Kontakte ein gegenseitiges Vertrauensverhältnis aufzubauen.

Wie sah die Integration auf der Führungsebene aus?

Sofort nach der Akquisition wurde der Präsident von Renault Agriculture in das Top-Management von CLAAS integriert und begleitete in der Folgezeit alle relevanten Prozesse bis ungefähr ein Jahr vor dem Zeitpunkt, als auch die letzten Bereiche des Traktorenherstellers vor der Übernahme standen. Daher fühlten sich die neuen französischen Kollegen immer gut repräsentiert und verstanden. Vor Ort in Frankreich übernahmen die Mitarbeiter von CLAAS die operative Verantwortung, ohne jedoch dabei das dortige Management zu entmachten. Auf diese Weise konnte die Integration weitestgehend von den französischen Führungskräften mit umgesetzt werden. Das sorgte für ein hohes Maß an Stabilität und Kontinuität, auch wenn in Einzelfällen Mitarbeiter das Unternehmen verließen. Gerade Personalentscheidungen spielen im Rahmen einer Integration eine ganz zentrale Rolle und müssen bei Bedarf während der ganzen Phase ohne Kompromisse korrigiert werden. Anderenfalls ist die Gefahr eines Scheiterns sehr groß.

Wurden diese Entscheidungen auch alle akzeptiert?

Dank unseres ganzheitlichen Integrationsansatzes zeigten alle Mitarbeiter eine grundsätzliche Bereitschaft, organisatorische Veränderungen wie beispielsweise die Aufteilung der Gesellschaft in Produktion, Vertrieb und Handel sowie eine Reorganisation des Vertriebs zu akzeptieren. Einige Manager empfanden unsere Maßnahmen hingegen als Beschneidung ihrer Kompetenzen. Durch eine gute Kommunikation konnten wir aber auch diese Zweifel beseitigen und die Integration letztendlich zum Erfolg führen.

3 Best Practice People-Risiken: Bekämpfung mit System

Management-Nominierungen spielen eine wichtige Rolle bei der Bekämpfung von People-Risiken

Bei der Besetzung der Management-Positionen unterscheiden sich Top-Performer mit Werten von 8 Prozent und 13 Prozent nur wenig von dem Durchschnitt. Beide setzen dabei einen Auswahlprozess auf, der das gesamte Unternehmen kaskadierend durchläuft. Dabei werden zunächst die Mitglieder des neuen Top-Management-Teams, d. h. der Geschäftsleitung bzw. des Vorstandes, benannt. Dieses neue Top-Management wählt anschließend seinerseits die Führungskräfte auf der nächstniedrigeren Hierarchiestufe aus, bis schließlich alle Management-Stufen durchlaufen sind.

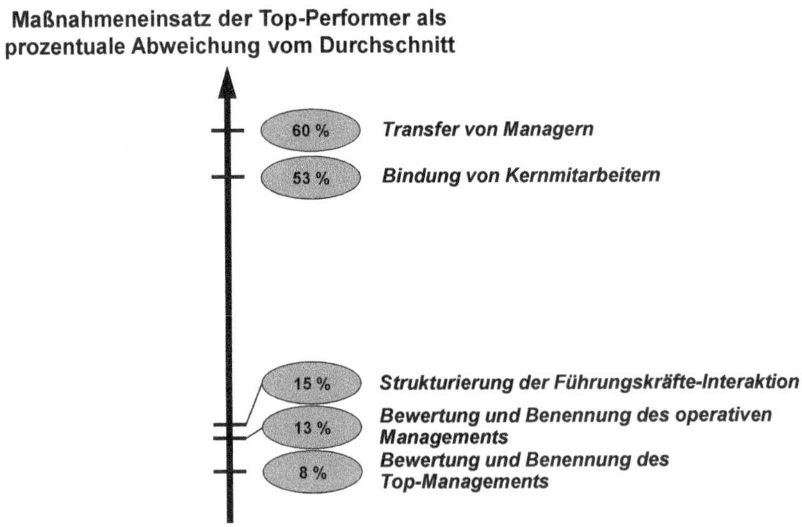

Abb. 36: Maßnahmen zur Adressierung der People-Risiken

Top-Performer achten bei der Bewertung und Benennung neben der reinen handwerklichen Prozessmechanik zusätzlich darauf, dass sowohl der Prozess an sich als auch die angewandten Bewertungskriterien von den Mitgliedern beider Organisationen als fair betrachtet wird. Andernfalls besteht die Gefahr, dass die Nominierung von den Organisationsmitgliedern nicht mitgetragen wird und die neu benannten Führungskräfte auf massiven Widerstand stoßen und mittelfristig scheitern.

Illustrative Prinzipien Management-Nominierung

Top-Performer achten bei der Bewertung und Auswahl des Managements unter anderem darauf, dass:

- die Vergleichbarkeit der Führungspositionen sichergestellt ist,
- es zu einer durchgängig einheitlichen Anwendung von Auswahlkriterien kommt,
- die Kriterien einleuchtend sind und sie vom beurteilenden und auswählenden Management auch im Hinblick auf die Unternehmensziele akzeptiert werden und
- die Kriterien nicht in Widerspruch zur am Markt existenten Vergütungspraxis stehen.

Top-Performer adressieren People-Risiken durch wirksame Bindung von Leistungsträgern

Einen besonderen Schwerpunkt legen Top-Performer auf Maßnahmen zur Bindung von Kernmitarbeitern. Das Engagement der Top-Performer liegt hierbei um 53 Prozent über dem Durchschnitt. Top-Performer finden sich nicht damit ab, dass Leistungsträger bei Fusionen und Akquisitionen das Unternehmen verlassen.

Natürlich spielt Geld eine nicht unbeachtliche Rolle, wenn Unternehmen Mitarbeiter behalten wollen. Allerdings beschränken sich Top-Performer nicht darauf, den Leistungsträgern im Unternehmen goldene Handschellen anzulegen. Materielle Anreize alleine greifen vielfach einfach zu kurz, da sie nur einen – und oftmals eben nicht den entscheidenden – Teil der Motivationsstruktur von Leistungsträgern adressieren. Dieser Effekt gerät unter dem Schlagwort *Crowding-out* zunehmend ins Visier von Integrationsmanagern. Derzeitige Quintessenz: Wenn Individuen über eine eigene Motivation verfügen, können materielle Anreize diese auch zerstören.

Crowding-out – Wenn Geld die Motivation raubt

„Die Worte wirkten motivierend. Von der Bedeutung der Spenden, die sie sammeln sollten, sprach der Versuchsleiter vor den 16-jährigen Israelis. Von dem Dank, den die Gesellschaft ihnen entgegenbringen werde, wenn die Höhe der Spende neben den Namen der Sammler veröffentlicht würde. Derart angespornt kamen die Schüler im Schnitt mit fast 240 Schekel von den Haussammlungen zurück – und hoben sich damit deutlich ab von den anderen beiden Gruppen von Spendensammlern. Die kamen im Schnitt nur auf 220 beziehungsweise 154 Schekel. Sie waren nicht mit Worten motiviert worden, sondern mit Geld: Für das Sammeln waren ihnen zehn Prozent beziehungsweise ein Prozent der Spendesumme versprochen worden. (...) So experimentierten Gneezy und Rustichini mit Geldstrafen für Eltern, die ihre Kinder zu spät aus dem Hort abholten. Theoretisch hätte die Strafe von zehn Schekel für die Eltern ein Anreiz sein müssen, pünktlich zu erscheinen. In der Praxis kamen doppelt so viele Eltern zu spät wie zuvor. Die Erklärung der Ökonomen: Die Eltern hatten kein schlechtes Gewissen, ihre Kinder zu spät abzuholen, schließlich bezahlten sie Geld. Ihre innere Motivation, den Betreuerinnen zu einem pünktlichen Feierabend zu verhelfen, war zerstört."

(Quelle: Wirtschaftswoche vom 02.05.2002)

Geld ist also nicht immer das Allheilmittel zur Personalbindung. Immaterielle Anreize spielen eine mindestens ebenso bedeutende Rolle, wenn Leistungsträger langfristig an das Unternehmen gebunden werden sollen. Die Gefahr ist ohnehin groß, dass Mitarbeiter, die nur über Geld an das Unternehmen gebunden werden können, das Unternehmen mittelfristig verlassen.

Dabei gilt es, Leistungsträgern ihre zukünftige Rolle im neuen Unternehmen durch konkrete und klare Perspektiven aufzuzeigen. Stichwort proaktive Karriereplanung. Nicht zuletzt die aktive Einbindung in den Integrationsprozess kann die Bindung von Mitarbeitern an das Unternehmen stärken. So wird insbesondere auch vielversprechenden Nachwuchsmanagern die Möglichkeit geboten, durch die Mitarbeit in den Integrationsteams das neue Unternehmen und ihren zukünftigen Arbeitsplatz mitzugestalten. Nur durch aktives Einbinden und Aufzeigen klarer Perspektiven werden aus Betroffenen Beteiligte und Kernmitarbeiter wirkungsvoll an das Unternehmen gebunden. Allerdings gilt auch hierbei, dass man es nicht allen Leuten recht machen kann. Im Klartext: das Integrationsmanagement muss ganz bewusst den Schlussstrich bei Führungskräften ziehen, die die Integration partout nicht unterstützen wollen.

Top-Performer setzen Management-Transfers gezielt zur Bekämpfung von People-Risiken ein

Top-Performer bekämpfen People-Risiken durch gezielte Management-Transfers. Mit 60 Prozent ergreifen Top-Performer deutlich überdurchschnittlich Maßnahmen, die auf den Transfer von Managern über ehemalige Unternehmensgrenzen hinweg abzielen. Spitzenunternehmen transferieren ganz gezielt Manager über ehemalige Firmengrenzen hinweg, um so die personelle Verzahnung beider Unternehmen zu unterstützen. Was sich relativ simpel anhört, birgt allerdings Sprengstoff. Durch eine schlecht moderierte Entsendung von Führungskräften kann auf Seiten des erworbenen Unternehmens auch schnell der Eindruck einer feindlichen Übernahme entstehen.

Genau in dieser Situation vermeiden Top-Performer eine Raubzugmentalität und gehen mit Feingefühl an Management-Transfers. Insbesondere ist das Ausmaß, in dem die entsandten Manager operative Verantwortung im erworbenen Unternehmen übernehmen, zu temperieren. Unternehmenskulturelle Eigenheiten gilt es hier besonders zu berücksichtigen. Mitunter kann ein Coaching sinnvoll sein, bei dem die entsandte Führungskraft lediglich beratende Funktion hat. Die operative Verantwortung hingegen bleibt weitestgehend in den Händen der angestammten Mannschaft.

Ein solcher Coaching-Ansatz findet allerdings bei finanziell angeschlagenen Unternehmen schnell seine natürlichen Grenzen. Denn müssen im erworbenen Unternehmen umfassende Restrukturierungsmaßnahmen ergriffen werden, ist Coaching nur bedingt hilfreich, insbesondere, wenn die desolate finanzielle Situation Folge von Missmanagement der alten Führungsmannschaft ist. Dann muss das entsandte Management selbst ans Ruder, also umfassend operative Verantwortung übernehmen. In diesen Fällen wird gerne auch von Torpedos gesprochen, die in die Organisation gewissermaßen eingeschossen werden, um die Leistungsfähigkeit des erworbenen Unternehmens zu steigern. Top-Performer analysieren sehr genau, welche Art von Entsendungspolitik im Einzelfall angebracht und erforderlich ist.

Allerdings: Auch Top-Performer sind beim Entsenden von Führungskräften nicht frei von Restriktionen, denn das Potenzial an Managern, die für eine Entsendung in Frage kommen, ist wie in jeder Firma auch bei Top-Performern grundsätzlich begrenzt. Die Frage, ob und in welchem Umfang Management-Transfers als Instrument zur Bekämpfung von People-Risiken eingesetzt werden können, hängt damit umfassend von dem vorhandenen Managementpotenzial auf Seiten des Käuferunternehmens ab.

FAZIT: **Top-Performer bekämpfen People-Risiken nicht alleine durch frühzeitige Management-Nominierung. Top-Performer ergreifen zusätzliche Maßnahmen zur Bindung und zum Transfer von Kernmitarbeitern und unterstützen deutlich nach den ersten 100 Tagen die personelle Verzahnung auf Ebene des operativen Tagesgeschäfts.**

Fallbeispiel: GEA Group AG

Bekämpfung von People-Risiken mit System

Die GEA Group ist weltweit einer der größten Anbieter von Spezialmaschinen und Prozesstechnik in der Nahrungsmittel- und Energiebranche. Das Unternehmen versteht sich als Technologieführer und innovativer Entwickler von anspruchsvollen Produktionsprozessen. Die über 25.000 Mitarbeiter der GEA Group erwirtschafteten im Jahr 2013 einen Konzernumsatz von mehr als 5,8 Milliarden Euro. Seit 2010 gliedert sich das Geschäft der GEA Group in fünf Segmente. 2011 hat die GEA Group die Übernahme der niederländischen Convenience Food Systems (CFS) mit Sitz in Bakel, Niederlande, als sechstes Segment "GEA Food Solutions" erfolgreich abgeschlossen.

Gesprächspartner Klaus-Rudolf Raths ist Head of Inhouse Consulting bei der GEA Group AG.

Für die Mitarbeiter, die im Rahmen eines Mergers in den Großkonzern GEA integriert werden, ändert sich doch sehr viel. Können dabei People-Risiken überhaupt systematisch bekämpft werden?

Die GEA Group akquiriert mehrheitlich mittelständische Firmen, die zuvor von ihren Eigentümern geführt wurden. Sicherlich ist die anschließende Integration in den Konzern sowohl für das Management als auch für die Mitarbeiter eine große Umstellung. Aber trotz seiner Größe ist GEA selbst ebenfalls ein eher mittelständisch organisiertes Unternehmen: Eine kleine Zentrale mit rund 100 Mitarbeitern steht den sechs GEA-Segmenten vor, zu denen über 300 Einzelgesellschaften gehören, die aber alle schlank und nah am Markt aufgestellt sind. Durch diese dezentrale Organisation fördern wir ganz gezielt das Unternehmertum in unseren eigenen Gesellschaften. Im Regelfall fühlen sich das Management und die Mitarbeiter unserer Akquisitionen in diesem Umfeld sehr wohl und empfinden die Umstellung als gar nicht so gravierend. Aber für einen geschäftsführenden Gesellschafter ist diese Veränderung natürlich deutlich größer.

Integriert der GEA-Konzern auch den ehemaligen Eigentümer?

Hier gibt es verschiedene Varianten. Zum einen hat der Verkäufer im Falle eines gut geführten Unternehmens nicht nur ein unbezahlbares Insider-Wissen, zum anderen verfügt er oftmals auch über enge und viele Jahre hinweg gewachsene Beziehungen zu seinen Mitarbeitern. Gerade diese versuchen wir beispielsweise in einer Earn-Out-Periode von ein bis zwei Jahren systematisch auf das neue GEA-Management zu übertragen. Der ehemalige Besitzer erhält dabei den vollständigen Kaufpreis erst am Ende dieser Phase und zwar, wenn die gemeinsam definierten Ziele erreicht wurden und das GEA-Management vollständig etabliert ist. Mit diesem Verfahren haben wir in der Vergangenheit sehr gute Erfahrungen gemacht. Nach dem Closing steht das GEA-Management vor vielen neuen Entscheidungen, da kann der Alteigentümer mit seinem Know-how sehr wertvolle Dienste leisten. Seine Einbindung wissen auch die Mitarbeiter, mit denen zuvor eine gute Zusammenarbeit bestand, zu schätzen. Zur Vermeidung von Missverständnissen findet am Anfang jedoch eine ganz klare Kompetenzverteilung statt.

Welche Verantwortung übernehmen GEA-Manager unmittelbar nach Closing bei dem akquirierten Unternehmen?

Bereits vor dem Closing ist das Integrationsteam der GEA aufgestellt. Danach wird es durch Mitarbeiter des akquirierten Unternehmens ergänzt. Vorher stellen wir aber sicher, dass darin auch Mitglieder unseres Due-Diligence-Teams vertreten sind. Grundsätzlich gilt die Regel, neben einer kaufmännischen Unterstützung mindestens einen GEA-Manager in das akquirierte Unternehmen vor Ort zu entsenden. Er übernimmt dort direkt eine operative Leitungsfunktion, manchmal sogar die Geschäftsführung. Im Normalfall hat unser GEA-Repräsentant gleichzeitig die Funktion des Integrationsmanagers. Diese beiden Rollen kann er aber nur dann nachhaltig erfüllen, wenn ihm ein Integrationsteam und ein Projekt-Management Office als effiziente Unterstützung zur Seite gestellt werden.

Darüber hinaus hat das GEA-Management des aufnehmenden Geschäftsbereichs eine führende Rolle. Es steht dem Lenkungsausschuss während des gesamten Integrationsprojekts vor und trifft alle wichtigen Personalentscheidungen. Über langfristig angelegte Bonuskomponenten versuchen wir sicherzustellen, dass der ursprüngliche Investment-Case auch erfüllt wird.

Welche konkreten Veränderungen nehmen Sie beim Management des akquirierten Unternehmens vor?

Grundsätzlich versuchen wir das Management des Unternehmens in seiner Gesamtheit zu erhalten. Besonders vorsichtig gehen wir bei Veränderungen von erfolgreichen Vertriebsstrukturen im Ausland vor. Doch manchmal ist die bestehende Führungsmannschaft nicht optimal besetzt oder mitunter überaltert. Gibt es eine Art Beförderungsstau, dann kommen bei uns oft kompetente Mitarbeiter aus der zweiten Reihe des akquirierten Unternehmens zum Zug. Auf diese Weise erreichen wir eine noch bessere Verzahnung mit unserem GEA-Management.

Zusätzlich zu dem direkten Berichtsweg in der Gesellschaft wird meistens innerhalb der Geschäftseinheit eine zweite Berichtsmatrix in wichtigen Funktionen wie dem Vertrieb, dem Einkauf oder der Produktentwicklung etabliert. Je nach Kompetenzverhältnis kann dies sogar dazu führen, dass in einigen Funktionen die Manager der aufnehmenden Geschäftseinheit an die Manager des akquirierten Unternehmens berichten.

Wie vermeiden Sie es, dass wichtige Mitarbeiter das Unternehmen nach der Übernahme verlassen?

Wir binden alle wichtigen Mitarbeiter des akquirierten Unternehmens aktiv in den gesamten Integrationsprozess ein. In jedem Teil dieses Projekts ist sowohl ein Vertreter des akquirierten Unternehmens als auch einer der aufnehmenden GEA-Geschäftseinheit vertreten. Durch diese gezielte Zusammenarbeit erfahren die Mitarbeiter, dass sie den Prozess wirklich mitgestalten können. Das hat zusätzlich eine motivierende Wirkung. Außerdem organisieren wir für alle Mitarbeiter verschiedene Workshops, in denen wir neben der sachlichen Ebene auch ganz konkret die emotionale Ebene ansprechen und so mehr über Wünsche und Ängste erfahren. Meistens basieren die Ängste auf Missverständnissen, die ausgeräumt werden können. Es ist überaus wichtig, dass das Integrationsteam in diesen Workshops ein besseres Verständnis für die unterschiedlichen Firmenkulturen entwickelt. Von einer rein finanziellen Motivation der Mitarbeiter im Integrationsprozess, wie beispielsweise einem Stay-on-Bonus, halten wir nicht viel.

Nach Abschluss der ersten Phase des Integrationsprozesses setzen wir unsere bewährten GEA Tools ein, z. B. das Management-Feedback und die Mitarbeiterförderung. Oftmals waren solche Instrumente im eigentümergeführten Unternehmen nicht existent. Mit dieser Methode stellen wir sicher, dass die Führungskompetenzen innerhalb des Unternehmens nachhaltig verbessert werden und uns wichtige Mitarbeiter treu bleiben.

Verfolgt GEA bei der Integration einen Standard?

Wir haben in den letzten Jahren die Integrationsprozesse bei GEA weitestgehend standardisiert. Auch gibt es gerade im Personalbereich einige unumgängliche Konzernrichtlinien, die beispielsweise das Branding, Betriebsvereinbarungen oder Dienstwagen und Geschäftsreiseregelungen betreffen. Vieles davon ist für das Management und die Mitarbeiter des akquirierten Unternehmens neu und ungewohnt. Jedoch stellen wir nicht alles auf einen GEA-Standard um: So werden Anstellungsverträge und Bonusregelungen nur für das Management dem GEA-Standard angeglichen – für die übrigen Mitarbeiter versuchen wir normalerweise nicht, die Verträge sofort umzustellen.

Eine offene Kommunikationskultur ist ein wesentlicher Bestandteil unserer Integrationskompetenz. Wir hören den anderen Führungskräften ganz genau zu und zeigen auch die Bereitschaft, auf die Besonderheiten des zu akquirierenden Unternehmens einzugehen und unsere ursprünglichen Integrationspläne anzupassen. Schließlich trägt das Management die unternehmerische Verantwortung. Genau deshalb lassen wir manchmal zu, dass das akquirierte Unternehmen ein etwas anderes, aber erwiesenermaßen erfolgreiches Geschäftsmodell weiterverfolgt als die aufnehmende Geschäftseinheit. Auf jeden Fall soll auf Seiten des akquirierten Unternehmens das Gefühl vermieden werden, von der GEA erobert zu werden. Mit unserer Flexibilität und dem unternehmerischen Freiraum, den wir dem Unternehmen gewähren, fällt es den Mitarbeitern und dem Management leicht, GEA als ihre neue Heimat zu betrachten.

4 Best Practice Projekt-Risiken: Zur Sicherstellung des Projekterfolgs verlässt man sich stärker auf Personen als auf Pläne

Integrationsplanung bildet die Basis zur Bekämpfung von Projekt-Risiken

Auch Top-Performer können ohne hinreichende Planung eine Integration nicht bewerkstelligen. Mit einem Wert von 13 Prozent liegen Top-Performer hierbei allerdings nur leicht über dem Durchschnitt.

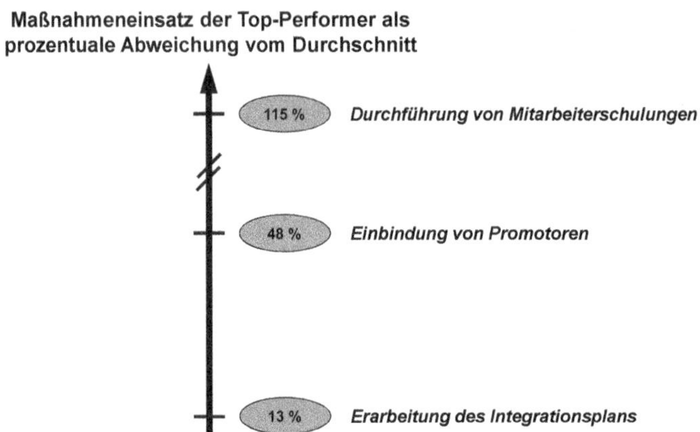

Abb. 37: Maßnahmen zur Adressierung der Projekt-Risiken

Allerdings übertreiben es Top-Performer nicht mit der Integrationsplanung. In Anbetracht der großen Komplexität und der Dynamik von Integrationen planen sie die Integration nicht bis ins letzte Detail. Im Gegensatz zum Klein-Klein-Vorgehen folgen sie der *80:20-Regel*: Weiße Flecken in der Planung werden schrittweise im Verlauf der Integration gefüllt. Der Integrationsplan ist anfänglich nichts weiter als ein grober Arbeitsplan, der wesentliche Arbeitsschritte, Meilensteine und Verantwortlichkeiten festlegt. Das Integrationsmanagement von Top-Performern verfeinert den Integrationsplan im Verlauf der Integration mit zunehmendem Informationsstand immer weiter. Während des Integrationsprozesses entwickeln sich so immer detailliertere Arbeitspläne.

Top-Performer vertrauen bei Projekt-Risiken mehr auf Personen als auf Pläne

Top-Performer zeigen ein um fast 50 Prozent höheres Engagement bei der Einbindung von Promotoren als Durchschnittsunternehmen. Top-Performer verlassen sich also im Vergleich zum Durchschnitt bei Projekt-Risiken stärker auf Personen als auf Pläne. Spitzenunternehmen konzentrieren sich beim Aufsetzen des Integrationsprojektes vor allem darauf, die richtigen Leute an Bord zu holen.

Sie besetzen die Projektgremien durch einen strukturierten Bewertungs- und Auswahlprozess. Denn: Erfolgt die personelle Besetzung der Integrationsteams unmoderiert und unsystematisch, besteht nicht zuletzt auch die Gefahr, dass sich alte Seilschaften bilden und das Verbesserungspotenzial verpufft. Anstelle eines personalpolitischen Durcheinanders setzen Top-Performer auf einen strukturierten Bewertungsprozess, der die Grundlage der personellen Zusammenstellung der Integrationsteams ist. Spitzenunternehmen orientieren sich dabei stringent sowohl am Geschäftsverständnis der Kandidaten als auch an deren analytischen und konzeptionellen Fähigkeiten. Außerdem achten sie darauf, dass die Kandidaten von beiden Organisationen gleichermaßen anerkannt und akzeptiert werden.

Darüber hinaus vergessen Top-Performer nicht, dass die Mitglieder der Integrationsteams eine zentrale Funktion auch als Katalysator bzw. Multiplikator besitzen. Wenn also die Teammitglieder nicht umfassend hinter der Integration stehen, kann durch unwillige bzw. wenig befähigte Teammitglieder die Arbeit des gesamten Teams und damit der Integration insgesamt negativ beeinflusst werden. Durch eine zu stark kompromissgeprägte Besetzung der Integrationsteams besteht somit die Gefahr, dass sich das Integrationsmanagement gewissermaßen selbst eine Laus in den Pelz setzt.

Operative Fachleute und graue Eminenzen

Zur Überwindung der verschiedenen Barrieren, die im Laufe einer Integration auftreten, binden Top-Performer Fachleute und graue Eminenzen ein.

- **Operative Fachleute**
  Top-Performern gelingt es, anerkannte Linienmanager – Führungskräfte, die ihr Geschäft verstehen – aus beiden Unternehmen für die Integration zu begeistern und für die proaktive Unterstützung der Sache zu gewinnen. Die zielgerichtete Einbindung operativer Fachleute hilft, mangelnde Fähigkeiten der Mitarbeiter auszugleichen und Wissensdefizite zu überwinden. Gleichzeitig wird sicherstellt, dass die in den Teams erarbeiteten Ergebnisse im operativen Tagesgeschäft tatsächlich umgesetzt werden können.

- **Graue Eminenzen**
  Jede Organisation hat ihre grauen Eminenzen. In der Regel handelt es sich hierbei um verdiente Mitarbeiter mit hoher Visibilität in der Organisation. Sie sind gewissermaßen die Inkarnation der organisatorischen Seele. Aufgrund ihrer langjährigen Erfahrung haben sie die Organisation nicht nur entscheidend geprägt, sondern besitzen auch intime Kenntnisse der Unternehmen. Sie wissen etwa auch, wer wo welche Leiche im Keller hat. Aufgrund ihres feinmaschigen Netzwerks informeller Kontakte reicht ihnen oftmals ein Telefonat, wo sonst Briefwechsel und Unterschriften vonnöten wären. Diese kommunikative und informelle Macht grauer Eminenzen nutzen Top-Performer, um auch informelle Türen für die Integration zu öffnen.

Top-Performer machen ihre Mitarbeiter für die Integration fit

Spitzenunternehmen machen ihre Mitarbeiter fit für den Integrationsmarathon. Im Vergleich liegen Schulungsmaßnahmen um 115 Prozent über dem Durchschnitt. Dieser Wert ist der größte Unterschied in der gesamten Studie.

Natürlich kann es nicht Ziel sein, die Integration zum Anlass dafür zu nehmen, lange versäumte Schulungserfordernisse gewissermaßen *in einem Aufwasch* mit zu erledigen. Allerdings geht es darum, Mitarbeiter ganz gezielt im Umgang mit integrationsrelevanten Fragestellungen zu schulen. Aus der Vielzahl integrationsrelevanter Aufgabenfelder seien hier beispielhaft drei wesentliche Schulungsinhalte genannt:

- **Projektmanagement:**
  Vergegenwärtigen wir uns noch einmal die Zahlen: Eine vollständige Post Merger Integration löst rund 2.000 größere Veränderungen aus und erfordert bis zu 10.000 Nicht-Routine-Entscheidungen. Im einfachen Fall sind zwischen 12 - 15 Integrationsteams mit insgesamt 50 - 90 Mitarbeitern erforderlich. Aufgrund dieser großen Komplexität stellen Integrationen hohe Anforderungen an das Projektmanagement. Schulungen im Bereich Projektmanagement sind daher eine zentrale Grundvoraussetzung, die allzu oft übersehen wird.

- **Aufnahme der Geschäftsprozesse:**
  Unter *Process Mapping* wird die systematische Aufnahme von Geschäftsprozessen verstanden. Schwierigkeiten auf Seiten der Mitarbeiter ergeben sich dabei vor allem aufgrund einer typischerweise stark abteilungsbezogenen Sichtweise. Vielfach haben die Mitarbeiter nur eine vage Vorstellung davon, wie bereichsübergreifende Geschäftsprozesse tatsächlich im Unternehmen verlaufen. Die Erstellung von Process Maps schafft oftmals erst das gemeinsame Verständnis über die tatsächlichen Geschäftsabläufe; eine unabdingbare Voraussetzung für die lückenlose Verzahnung beider Organisationen. Bei der Aufnahme

der Prozesse kommen typischerweise weitere Management-Tools zum Einsatz. Insbesondere zur Identifikation von Effizienzpotenzialen erfolgt die Anwendung von Benchmarks und Best-Practice-Vergleichen. Nicht selten wird dabei auch eine Activity Based Analysis (ABA) durchgeführt, die die aktuelle Ressourcenallokation entlang wesentlicher Prozessschritte dokumentiert. Die ABA kann dabei um Erfassung der entsprechenden Mengengerüste ergänzt werden, um Arbeitsaufwand und Ressourcenverteilung gegenüberzustellen.

- **Interviewing:**
  Interviews sind in Verbindung mit strukturierten Formblättern das zentrale Tool für die Aufnahme relevanter Informationen bei Integrationen. Bieten sie doch einen ungefilterten Blick darauf, wie die Dinge wirklich laufen. Durch Interviews werden auch zusätzliche Informationen zugänglich. So können z. B. auch erste Lösungsvorschläge eingeholt bzw. validiert werden. Was sich auf den ersten Blick selbstverständlich und einfach anhört, stellt Mitarbeiter allerdings bei der tatsächlichen Durchführung regelmäßig vor ungeahnte Schwierigkeiten. Typischerweise sind Mitarbeiter nicht gewohnt, strukturierte Interviews durchzuführen, da die Datenaufnahme durch direkte verbale Kommunikation im operativen Alltagsbetrieb eine eher untergeordnete Rolle spielt. Top-Performer kennen diese Problemstellung und schulen ihre Mitarbeiter deshalb in Interviewtechniken.

FAZIT: Top-Performer vertrauen bei der Adressierung von Projekt-Risiken eher auf Personen als auf Pläne. Sie stecken mit der Integrationsplanung lediglich den groben Rahmen für die Integration ab. Durch eine rasche und strukturierte Besetzung der Integrationsteams bringen Top-Performer frühzeitig die richtigen Leute an Bord.

Fallbeispiel: RWE-Konzern

Das Hineindenken in unterschiedlichste Rollen und Situationen ist der Schlüssel zu einem erfolgreichen Integrations-Projektmanagement

RWE ist einer der fünf führenden Strom- und Gasanbieter in Europa. Rund 66.000 Mitarbeiter haben im Geschäftsjahr 2012 ein Umsatz von etwa 54 Milliarden Euro erwirtschaftet. Im Jahr 2009 hat der RWE-Konzern den führenden niederländischen Versorger Essent übernommen.

Gesprächspartner Marc Flegel war über den gesamten Zeitraum hinweg eng in die Integrationsphase dieser größten Akquisition in der Geschichte des RWE-Konzerns eingebunden. Dabei leitete er u. a. das Projectmanagement-Office der Pre-Merger-Integration vor dem Closing und war darüber hinaus nach dem Closing in verschiedenen Integrationsworkstreams als Experte tätig.

Wie haben Sie das Integrationsprojekt der niederländischen Essent in Angriff genommen und was hat Ihnen dabei persönlich am meisten Spaß gemacht?

Am meisten Spaß hatte mir die Zusammenarbeit in internationaler Atmosphäre gemacht. Erst kurz vor Beginn des Integrationsprojekts war ich für den Konzern in Ungarn tätig und konnte dabei vor Ort persönlich wertvolle Erfahrungen im Umgang mit unterschiedlichen Kulturen machen. Die wachsende Internationalisierung, die wir durchlaufen haben, hat dem Thema interkulturelle Kompetenz zunehmende Bedeutung im Konzern gegeben.

Genau deshalb lag von Anfang an einer der Schwerpunkte bei der Vorbereitung der Integration von Essent auf dem Thema kulturelle Unterschiede. Dieses wird meiner Meinung nach viel zu oft geradezu sträflich vernachlässigt. Allzu häufig hört man von den deutschen Mitarbeitern den Satz: „Ich weiß doch, wie DIE Niederländer ticken". Umgekehrt sagen auch die niederländischen Kollegen nicht selten „Ich kenne doch meinen typisch deutschen Nachbarn".

Und dennoch gibt es gerade zwischen beiden Kulturen einige kleine, aber sehr feine Unterschiede, über die alle Bescheid wissen sollten. Denn nur, wenn diese bekannt sind und akzeptiert werden, kann man sich in der weiteren Zusammenarbeit auf die wirklich wichtigen fachlichen Fragen konzentrieren und verliert weder Zeit noch Ressourcen durch kulturell bedingte Missverständnisse. Und an sachlichen und fachlichen Themen gibt es in einem derartigen Integrationsprojekt schon mehr als genug.

Unser Integrationsbüro hat deshalb auch direkt als eine der ersten Maßnahmen ein umfangreiches Kulturtrainingsprogramm implementiert, um alle Projektbeteiligten für die Bedeutung dieses Themas zu sensibilisieren.

Unmittelbar nach dem Signing haben wir im Rahmen eines Testseminars auf der Vorstands- und Steuerungskreisebene erste Gehversuche auf diesem Gebiet gemacht. Diese stießen selbst bei den Managern mit großer internationaler Erfahrung auf ein derart positives Echo, dass sofort beschlossen wurde, entsprechende Trainingseinheiten für alle an der Integration beteiligten Mitarbeiter bis hinunter auf die Projektmitgliederebene anzubieten. Die Teilnahme war verpflichtend, um auch alle Skeptiker eines solchen Vorhabens mit an Bord zu holen. Aufgrund des sehr praxisnahen Konzepts gelang es, Stereotype zu überwinden und die Grundlagen für ein vertrauensvolles Miteinander zu schaffen.

Gemischt durchgeführte Kulturtrainings sind auch heute eher noch die Ausnahme. Wie kam es dazu und welche Erfahrung haben Sie bei der Zusammensetzung des Teilnehmerkreises gemacht?

Zwei Aspekte haben sich auf Basis unserer Erfahrungen als besonders relevant herauskristallisiert. Dabei handelte es sich zum einen um die Sprachbarrieren und zum anderen um die Frage der Teamfindung.

Ganz am Anfang, als wir unsere Trainingseinheiten zu konzipieren begannen, gab es erst die Überlegung, aufgrund der Sprachunterschiede fast ausschließlich getrennte Gruppen einzurichten. Doch bei der Integration eines niederländischen Unternehmens in einen deutschen Konzern hatten wir es mit einem Sonderfall zu tun. Dies war der Tatsache geschuldet, dass die Niederländer im Regelfall über hervorragende Englischkenntnisse verfügen. Man kann fast schon von Englisch als ihrer zweiten Muttersprache reden. Auch Deutsch ist in den Niederlanden weit verbreitet und wird oft auf einem hohen Niveau gesprochen. Unsere deutschen Mitarbeiter, zumindest die in den internationalen Projektteams, beherrschen Englisch ebenfalls sehr gut. Niederländisch selbst ist jedoch allenfalls in den Grenzregionen als Fremdsprache verbreitet.

In unserem speziellen Fall konnten wir also auf eine ausgesprochen hohe Schnittmenge in Sachen Sprachkompetenzen bauen und haben uns deshalb ganz bewusst für Kulturtrainings in gemischter Zusammensetzung mit den Wahlmöglichkeiten Englisch oder Deutsch entschieden. Trotzdem sollte im Einzelfall immer wieder der Punkt ehrlich und selbstkritisch hinterfragt werden, ob dies funktioniert, wenn die Trainingssprache von den Teilnehmern nur auf dem Level „verhandlungssicher" beherrscht wird. Insgesamt haben wir über 30 Kulturtrainings durchgeführt. Auf Basis der Rückmeldungen der rund 350 Teilnehmer können wir sehr wohl bestätigen, dass diese Übungen durchweg als positive gemeinsame Veranstaltung für ein besseres gegenseitiges Kennenlernen wahrgenommen worden sind.

Darüber hinaus bewertete ein hoher Prozentsatz die Trainings als erste wichtige Maßnahme zur Vertrauensbildung. Unser Ziel, die Menschen „auf der anderen Seite" sichtbar zu machen und den Teilnehmern auf diese Weise Freiräume zu geben, ihre Ansichten, Einschätzungen und Sichtweisen zu artikulieren und zu diskutieren, ist auf jeden Fall erreicht worden.

Einer der Gründe dafür mag vielleicht die Tatsache gewesen sein, dass zu diesem Zeitpunkt noch keine kritischen oder gar emotional aufgeladenen Sachthemen angesprochen werden mussten – und dass der Erwerb von Essent in Deutschland als gute Chance und in den Niederlanden als Beitrag zur Überlebenssicherung des Unternehmens gesehen wurde, dessen ursprüngliche integrierte Identität durch das strikte Unbundling in den Niederlanden beeinträchtigt worden war.

Rückblickend können wir feststellen, dass die positiven Ergebnisse und Erfahrungen nicht nur für unser Projekt von großem Nutzen waren, sondern bis zum heutigen Tag nachwirken und die Basis für das tägliche Miteinander innerhalb des erweiterten Konzernkreises gebildet haben.

Das klingt schon nach einem sehr spannenden und interessanten Einstieg. Welche weiteren Aufgaben und Tätigkeiten sind in die Zuständigkeit der Projektkoordination eines PMO (Pre- und Post-Merger Integration Office) gefallen?

Das so genannte Kernteam sowie das Project Management Office (PMO) haben den innersten Kreis des Integrationsprojektes gebildet. Rund 20 Personen waren darin involviert. Unterstützt wurden wir dabei intensiv durch die Inhouse-Beratung unserer RWE Consulting. Dank ihrer Mitarbeit an vielen unterschiedlichen Projekten innerhalb des Konzerns verfügen diese Kollegen nicht nur über einen sehr breiten Informationshintergrund sowie ein ausgeprägtes Unternehmens-Know-how, sondern haben auch viel Erfahrung im Projektgeschäft.

Unsere Zuständigkeit als PMO haben wir vor allem als eine Unterstützungs- und Koordinationsfunktion wahrgenommen. Das PMO hat Standards wie Formate und Terminpläne vorgegeben, Prozessabläufe koordiniert und auf diese Weise sichergestellt, dass alle Rückläufer aus den einzelnen Workstreams zeit- und fristgerecht von den Teams eingereicht wurden. Bei rund 20 Workstreams war dies nicht immer ganz einfach.

Gleichzeitig standen wir für alle Fragen rund um das Thema Integration zur Verfügung. Dabei reichte die Palette von der Beschaffung von Hotelzimmern für unsere deutschen Kollegen in den Niederlanden und umgekehrt bis hin zur fachlichen Auswahl von Organisationsmodellen sowie die Taktung des Integrationszeitplans.

Dies klingt alles nach einem großen Bedarf an Kommunikation. Hatten Sie dafür eine besondere Strategie?

Ja, das stimmt in der Tat! Aufgrund der zahlreichen Erfahrungen der Kernteammitglieder mit einer subjektiv als unzureichend wahrgenommenen Kommunikation in früheren großen Projekten sind wir diesmal mit folgendem Grundsatz an den Start gegangen: „Es gibt nie zu viel, sondern nur zu wenig Kommunikation". Nur wenn man Veränderungen und die Erwartungshaltungen klar und transparent kommuniziert, kann man auch die gewünschten Ergebnisse in Sachen Arbeitsqualität erhalten. In der Kommunikation mit unseren Hauptansprechpartnern, den so genannten Workstreams, haben wir immer sehr viel Wert auf die Formulierung dieser Erwartungshaltungen gelegt und so versucht, alle Projektmitglieder Schritt für Schritt in den gesamten Prozess einzubinden. Nachdem das Gesamtkonzept einmal stand, haben wir die darauffolgenden Arbeitspakete eher kleinteilig konzipiert. Bei jedem einzelnen Projektschritt wurde streng darauf geachtet, die Templates bzw. Arbeitspakete so klar und eindeutig wie möglich aufzubauen, so dass sich alle Rückläufer hinterher tatsächlich auf einem möglichst gleichen Detaillierungsgrad und Qualitätsniveau befanden. Neben der sonst üblichen schriftlichen Form kam dabei jeder weiteren Form einer begleitenden Kommunikation mit den Workstreams eine ganz besondere Bedeutung zu.

Wie haben Sie den Datenaustausch und die Kommunikation technisch implementiert? Gerade in der Phase vor einem Closing ist dies ja doch immer wieder mit verschiedenen Problemen behaftet.

Gerade vor einem Closing ist der unternehmensübergreifende Informationsaustausch nicht selten mit zahlreichen gravierenden Problemen behaftet. Denn offiziell befinden sich beide Unternehmen ja immer noch in Konkurrenz zueinander. Auch kann unter Umständen der Deal im letzten Moment noch platzen. Daher wird versucht, die Projektarbeit ausschließlich auf inhaltlich-technische Vorbereitungsarbeiten zu reduzieren und nicht etwa Geschäftsinterna wie beispielsweise Kundenlisten auszutauschen. Um dies auch technisch sicherzustellen und jede Kommunikation auf den Kreis der Projektmitglieder zu beschränken, haben wir uns auf die Suche nach einer externen technischen Plattform gemacht, die all diese Anforderungen erfüllt. Dabei sind wir bei Brainloop auf ein hervorragend geeignetes Tool gestoßen, das gerade in der diffizilen Pre-Merger-Phase, also vor dem Closing, die optimale Kommunikationsplattform darstellte. Durch die Vorgabe, jeglichen Informationsaustausch ausschließlich über die Plattform laufen zu lassen, konnte von zentraler Stelle jederzeit Einsicht in die Inhalte genommen werden. Auf diese Weise konnten wir gewährleisten, dass keinerlei sensible Unternehmensdaten ausgetauscht werden. Das geschah nicht nur zur eigenen Sicherheit der beiden Unternehmen, sondern diente auch als Dokumentationsnachweis für eventuelle Nachfragen der Kartellbehörden im Falle eines Scheiterns des Deals. Auf Basis eines selbstentwickelten und sehr flexiblen Berechtigungskonzepts konnten wir alle erforderlichen Anforderungen optimal umsetzen und waren darüber hinaus auch gleichzeitig in der Lage, notwendige Anpassungen sehr kurzfristig vorzunehmen. Dies geschah ohne eine umfangreiche Einbindung der IT, sondern wurde vollständig nachweisbar, dokumentierbar und administrierbar vom Project Office und seinen Mitgliedern mit ihren fachlichen Kompetenzen erbracht. Zeitweilig hatten über 500 Personen Zugriff auf die Projektverzeichnisse – eine Zahl, die sehr eindrucksvoll die Dimensionen unseres Projektes verdeutlicht.

Neben der Möglichkeit des Zugriffs auf diese technische Plattform für den Austausch der schriftlichen Kommunikation arrangierten wir regelmäßig physische Meetings mit der oberen Führungsebene der zu integrierenden Einheit. Weil diese in einem für Konferenzzwecke umgebauten Kirchengebäude stattfanden, nannten wir diese Treffen auch gerne „Church Meetings". Dieses Ambiente schien irgendwie auch besonders zu unserem Arbeiten zu passen, denn die Kommunikation der großen Leitplanken innerhalb eines Integrationsprojekts und die Umsetzbarkeit bedingen ein Glauben an die Sache.

Zusammenfassend lässt sich auf jeden Fall sagen, dass die Kommunikation bei einem Integrationsprojekt von dieser Dimension immer ein Punkt von besonderer Bedeutung ist, denn sein Erfolg hängt doch ganz entscheidend von den agierenden Personen ab. Diese müssen ganz klar positiv motiviert werden, wobei die informatorische Einbindung ein ganz wesentlicher Baustein ist, um das Know-how sozusagen „auf die Straße zu bringen".

Was sollten oder müssen die Beteiligten an Know-how mitbringen?

Das ist eine Frage der Funktion eines jeweiligen Integrationsbeteiligten und darüber hinaus auch abhängig von den verschiedenen Kriterienkatalogen, die einem derartigen Projekt zugrunde liegen. Beispielsweise muss für die Arbeit in einem Integration Office oder PMO ein breites Projekt-Know-how existieren. Man muss in der Lage sein, kleinteilig zu denken, ohne dabei gleichzeitig den Blick auf das Ganze zu verlieren. Oder anders ausgedrückt: Man muss die Fähigkeit mitbringen, „die Flöhe zusammen zu halten". Das eigene Zeit- und Ressourcenmanagement sollte sehr gut ausgeprägt sein, um die Projektmitglieder kompetent steuern und unterstützen zu können. Auch ein hohes Maß an persönlicher Flexibilität ist gefragt. Idealerweise sollte ebenfalls ein fundiertes Verständnis für die wesentlichen Herausforderungen des Tagesgeschäfts in den verschiedenen Themengebieten vorhanden sein, um so die Spezialisten steuern und die notwendigen Hintergrundinformationen über die Vorgaben kommunizieren zu können. Nur wer sich in die verschiedensten Rollen und Situationen hineinzudenken vermag, kann die Supportfunktion des PMO mit Leben erfüllen und mit dazu beitragen, die hochkomplexe Aufgabe einer Integration neben dem weiterlaufenden Tagesgeschäft optimal zu unterstützen. Jede Form von vorhandenem operativen Know-how gibt den internen Mitarbeitern hier einen klaren Vorteil gegenüber klassischen Projekt- und Unternehmensberatern.

Bei den Spezialisten des Kernteams dagegen liegt der Schwerpunkt eindeutig auf ihrem fachspezifischen Know-how. Die Projekt- und Steuerungsexpertise steht da eher an zweiter Stelle. Beim Merger mit Essent wurden keinerlei Vorentscheidungen gefällt, welche Philosophie verfolgt werden sollte. Als erster Schritt wurde eine neutrale Analyse erstellt, um feststellen zu können, welche Modelle und Vorgehensweisen in beiden Unternehmen bereits in der Vergangenheit zum Einsatz kamen. Auf Basis dieses Best-Practice-Ansatzes sollten Konzepte für die neue künftige Einheit und ihre Aufstellung erarbeitet werden. Bei den unzähligen Diskussionen über all diese vielen Aspekte und Entscheidungen wurde immer auf das individuelle Know-how der involvierten Personen zurückgegriffen.

Wie funktionierte dabei die Integration der einzelnen Mitarbeiter nach der heißen Anfangsphase?

Unmittelbar im Anschluss an die heiße Anfangsphase muss die weitere Synchronisation der einzelnen Einheiten und Personen in Angriff genommen werden. Dabei wurde ein so genanntes Mentoring-Programm aufgelegt. Dabei stellten wir unseren neuen niederländischen Kollegen jeweils fachorientiert einen deutschen Mentor zur Seite. Dieser sollte keinesfalls als „Oberlehrer" agieren, sondern vielmehr als „großer Bruder" verstanden werden, der den Kollegen aus dem Nachbarland dabei hilft, sich schneller zu orientieren und einfacher in die neue Organisation zu integrieren. Dafür ist es ja schließlich wichtig, die richtigen Kontakte und Ansprechpartner zu kennen. Gerade aus diesen engeren Mentorenbeziehungen ist eine Vielzahl von starken und tragfähigen Pfeilern im Netzwerk des Unternehmens entstanden.

5 Integration Masterplan – Der Fahrplan der Top-Performer

Top-Performer zeichnen sich nicht nur alleine dadurch aus, dass sie die richtigen Maßnahmen einsetzen. Vielmehr orchestrieren Top-Performer den Maßnahmeneinsatz zeitlich so, dass die PMI-Risiken im Rahmen der Umsetzung nach dem Closing systematisch bekämpft werden.

5.1 Timing des Integrationsprozesses

Top-Performer verlieren am Anfang keine Zeit und beweisen gegen Ende besseres Stehvermögen

Der Unterschied zwischen Top-Performern einerseits und weniger erfolgreichen M&A-Integratoren auf der anderen Seite lässt sich vereinfacht wie folgt zusammenfassen: Top-Performer verlieren am Anfang – also bereits vor dem Closing – keine Zeit und beweisen gegen Ende besseres Stehvermögen.

Top-Performer folgen beim Integrationsmanagement einer lang gezogenen doppelten S-Kurve. Nach einem Kickstart lassen sie ihrer Organisation bei den anstehenden Integrationsmaßnahmen erst einmal Zeit, bevor sie die zweite Welle in Angriff nehmen. Die Maßnahmen der zweiten Welle gehen dann deutlich über die ersten 100 Tage hinaus. Top-Performer unterstützen also ihre Organisation durch proaktives Integrationsmanagement weit über die ersten drei bis vier Monate hinaus.

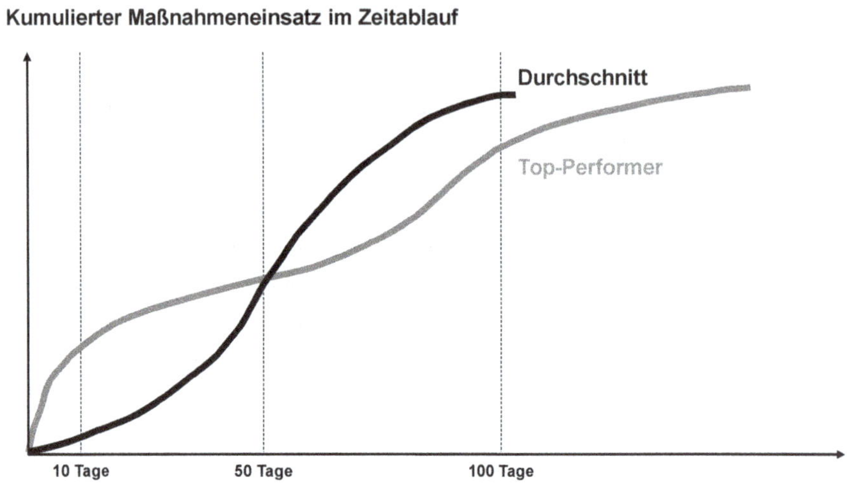

Abb. 38: Das Doppel-S der Top-Performer

Deutlich anders das Muster bei Durchschnittsunternehmen. Nachdem sie den Start verschlafen haben, gibt der Durchschnitt dann Vollgas und jagt die Organisation in den ersten drei bis vier Monaten ohne Verschnaufpause eine steile Kurve hoch. Sämtliche Maßnahmen sind bereits nach den ersten drei bis vier Monaten gestartet. Danach geht dem Durchschnittsunternehmen die Puste aus.

Man kann sich nicht des Eindrucks erwehren: Durchschnittsunternehmen versuchen im Rahmen des Integrationsmanagements *Alles-auf-einmal-und-sofort* erledigen zu wollen; die Integration also in einem Rutsch abfrühstücken zu wollen. Dies ist nicht selten ein Mangel an Erfahrung im Umgang mit Integrationen. Hierbei werden oftmals die eigenen und die Fähigkeiten der Mitarbeiter überschätzt – und damit die Organisation komplett überfordert. Diese Unternehmen bürden der Organisation in einem verhältnismäßig kurzen Zeitfenster eine Vielzahl von Maßnahmen auf. Notwendige Arbeitsschritte werden nur ansatzweise bzw. gar nicht durchgeführt. Aufgaben, die für die erfolgreiche Integration der Unternehmen zwingend erforderlich sind, bleiben liegen bzw. werden nur halb erledigt.

Top-Performer gehen im Vergleich zum Durchschnitt deutlich fokussierter vor. Mit der ersten Welle tragen sie durch gezielten Maßnahmeneinsatz die Integration in die Organisation hinein. Die Basis hierfür bildet eine solide Vorbereitung der Umsetzung während der Due Diligence und eine eindeutige Priorisierung der Integrationsaufgaben entlang der identifizierten Post-Merger-Risiken. Durch eine Verteilung der Aktivitäten entlang eines im Vergleich zum Durchschnitt längeren Zeitstrahls schaffen es Top-Performer, die Workload auszubalancieren und so die Belastung für die Organisation so gering wie möglich zu halten. Durch das schrittweise Vorgehen in zwei Wellen wird die Komplexität auf ein managebares Maß heruntergebrochen.

Top-Performer adressieren von Beginn an alle Risikobereiche

Anders als in Hochglanzbroschüren zum Thema oftmals suggeriert folgen Post-Merger-Integrationen in der Unternehmenspraxis keiner schrittweisen Abfolge von überschneidungsfreien Arbeitsschritten. Vielmehr müssen sowohl Top-Performer als auch Durchschnittsunternehmen zahlreiche Aktivitäten zeitlich parallel ergreifen. Top-Performer adressieren dabei bereits von Beginn an Risiken in allen vier Bereichen. Top-Performer adressieren nicht nur Synergie- und Struktur-, sondern auch People- und Projekt-Risiken bereits in den ersten Wochen nach Vertragsunterzeichnung. Ein zeitliches nacheinander Abarbeiten von Integrationsrisiken ist also nur sehr bedingt möglich. Es gibt also keinen Risikobereich, den sich das Integrationsmanagement gewissermaßen für später aufheben kann. Hierin ist auch der Grund für die große Komplexität zu sehen, der sich das Integrationsmanagement stellen muss. In einer relativ kurzen Zeitspanne muss es das Integrationsmanagement schaffen, eine Vielzahl sehr unterschiedlicher Risikobereiche durch systematischen und strukturierten Maßnahmeneinsatz zu adressieren.

Letztlich führt das unterschiedliche Timing der zentralen Integrationsmaßnahmen bei Top-Performern und Durchschnittsunternehmen auch dazu, dass die im Rahmen der Due Diligence identifizierten Risikofelder bei den Top-Performern auch deutlich früher in Angriff genommen werden.

früh auch krit.

Mit Proforma Financials und einem Mittelfristplan adressieren Top-Performer die Synergie-Risiken deutlich früher als Durchschnittsunternehmen

Bei der Übersetzung der Vision in harte Zahlen sind vom Timing her deutliche Unterschiede zwischen Top-Performern und Durchschnittsunternehmen zu beobachten. Dies gilt vor allem bei der Erarbeitung von Proforma-Finanzzahlen. Während Top-Performer die Vision in einem einzigen Arbeitsschritt sowohl verbal als auch in konkrete Zahlen ausformulieren, besteht beim Durchschnitt eine deutliche zeitliche Lücke zwischen der Erarbeitung der Vision und deren Übersetzung in die Zahlenwelt.

Auch der Durchschnitt formuliert Unternehmensvisionen zeitnah zum Closing. Jedoch erfolgt die Übersetzung in Pro-forma-Finanzkennzahlen erst vier bis sechs Wochen nach der Vertragsunterzeichnung. Eine Zeitspanne, die ausreichend Raum für Mitarbeiter und andere Stakeholder bietet, um möglichen Interpretationsspielraum eigenmotiviert auszugestalten und festzuschreiben. Durch das zeitliche Auseinanderfallen besteht die Gefahr, dass die angestrebten Synergieziele nicht verlustfrei in Zahlen übersetzt werden und das Potenzial der Post Merger Integration versickert. Demgegenüber bilden Zahlen bei Top-Performern einen festen Bestandteil der Visionserarbeitung; die Erarbeitung einer Vision und die Erarbeitung der Financials.

Top-Performer gehen Struktur-Risiken durch Anpassung der Anreizsysteme schneller an

Die Zeitspanne, in der Top-Performer und Durchschnittsunternehmen mit der Adressierung von Struktur-Risiken starten, ist vor allem bei der Anpassung der Anreizsysteme im Hinblick auf die integrationsspezifischen Herausforderungen höchst unterschiedlich.

Während Top-Performer mit der Anpassung der Anreizsysteme bereits nach vier bis sechs Wochen starten, liegt der zeitliche Schwerpunkt beim Durchschnitt erst nach drei bis vier Monaten. Ein Hauptgrund für diesen Zeitverzug kann in der zeitlichen Verzögerung bei der Erarbeitung von Pro-forma-Finanzzahlen gesehen werden; bilden doch diese Finanzkennzahlen die inhaltliche Basis für eine Anpassung der Anreizsysteme insbesondere auf Managementebene.

Top-Performer sind bei der Adressierung von People-Risiken schneller und beweisen mehr Ausdauer

Top-Performer und Durchschnittsunternehmen unterscheiden sich deutlich bei der zeitlichen Adressierung von People-Risiken. Die gilt sowohl hinsichtlich der Bewertung und Benennung des Managements als auch bei der Bindung und dem Transfer von Kernmitarbeitern. Top-Performer zeigen bei der Adressierung von People-Risiken ein deutlich differenziertes, zeitliches Vorgehen.

Im Gegensatz zum Durchschnitt starten Top-Performer früher, nämlich bereits unmittelbar nach Vertragsunterzeichnung, sowohl mit der Bindung von Kernmitarbeitern als auch mit der Bewertung und Benennung des

Managements. Durchschnittsunternehmen weisen hier bereits eine zeitliche Verzögerung von vier bis sechs Wochen auf. Top-Performer klären im Gegensatz zum Durchschnitt Personalfragen an der Unternehmensspitze unmittelbar nach dem Closing und starten danach mit der strukturellen Verzahnung der Führungsorganisation.

Im Gegensatz dazu starten Top-Performer auf Ebene des operativen Managements deutlich später mit der Adressierung von People-Risiken. Dies gilt sowohl für die Bewertung und Auswahl des operativen Managements als auch für den Transfer von operativen Führungskräften. Während Top-Performer Maßnahmen zur Adressierung von People-Risiken auf der operativen Management-Ebene erst nach sechs bis acht Monaten starten, lassen Durchschnittsunternehmen den Organisationen nur wenig Zeit, sich im Operativen zu finden.

Top-Performer hingegen adressieren mit der strukturellen Verzahnung der operativen Geschäftsbereiche nach drei bis vier Monaten zunächst einmal operative Struktur-Risiken, um dann erst nach sechs bis acht Monaten People-Risiken auf der operativen Ebene zu adressieren. Top-Performer schaffen auf der operativen Ebene erst einmal die strukturelle Basis, um dann People-Risiken zu adressieren.

Bei Projekt-Risiken sind Top-Performer schneller mit personenbezogenen Maßnahmen

Top-Performer und Durchschnittsunternehmen sind zeitlich betrachtet ähnlich beim Angang von Projekt-Risiken. Dies gilt sowohl bei der Entwicklung des Integrationsplans als auch hinsichtlich der Durchführung von Mitarbeiterschulungen nach drei bis vier Monaten.

Deutliche Unterschiede bestehen allerdings bei der zeitlichen Einbindung von Promotoren. Top-Performer binden Promotoren grundsätzlich früher ein. Top-Performer verschaffen sich damit die Möglichkeit, Promotoren auch bei der Entwicklung des Integrationsplans umfassend mit einzubinden. Während Top-Performer durch Einbindung von Promotoren und Entwicklung des Integrationsplans unmittelbar nach der Vertragsunterzeichnung Aktivitäten zur personellen und inhaltlichen Umsetzung der Integration starten, beginnt der Durchschnitt mit deutlichem Zeitverzug. Top-Performer stellen dies vor allem durch eine frühzeitige und gründlichere Vorbereitung der projektseitigen Umsetzung der Post Merger Integration bereits vor dem Closing sicher.

5.2 Timing der Einzelmaßnahmen

Top-Performer treffen zentrale Integrationsentscheidungen schon während der Due Diligence

Maßnahmen der ersten Stunde werden unmittelbar nach der Vertragsunterzeichnung umgesetzt. Die Planung und Vorbereitung dieser Maßnahmen erfolgt zwingend zeitlich bereits deutlich vor dem Closing. Die entsprechenden Integrationsentscheidungen mit Blick auf die zu ergreifenden Integrationsmaßnahmen finden also bereits während der Due Diligence Phase statt.

Top-Performer gehen also bewusst auch das Risiko ein, dass für den Fall, dass das Zustandekommen des Deals doch noch scheitert, der entsprechende Aufwand quasi umsonst war. Sie erkaufen sich damit aber den strategischen Vorteil, unmittelbar nach dem Closing diese Entscheidungen, die darauf gerichtet sind, die identifizierten Risikofelder zu bekämpfen, auch umsetzen zu können.

Top-Performer sind von Beginn an schneller

Im Gegensatz zu Durchschnittsunternehmen ergreifen Top-Performer bereits in den ersten Tagen nach Closing Maßnahmen zum Angang von Synergie-, People- und Projekt-Risiken. Bei der Adressierung von Synergie-Risiken sind Top-Performer insbesondere bei der Übersetzung der Unternehmensvision in Pro-forma-Kennzahlen schneller als der Durchschnitt. Noch deutlicher ist der Unterschied bei der Bekämpfung von People-Risiken. Top-Performer sind sowohl bei der Bewertung und Benennung des Top-Managements als auch bei der Bindung von Kernmitarbeitern deutlicher schneller unterwegs als der Durchschnitt.

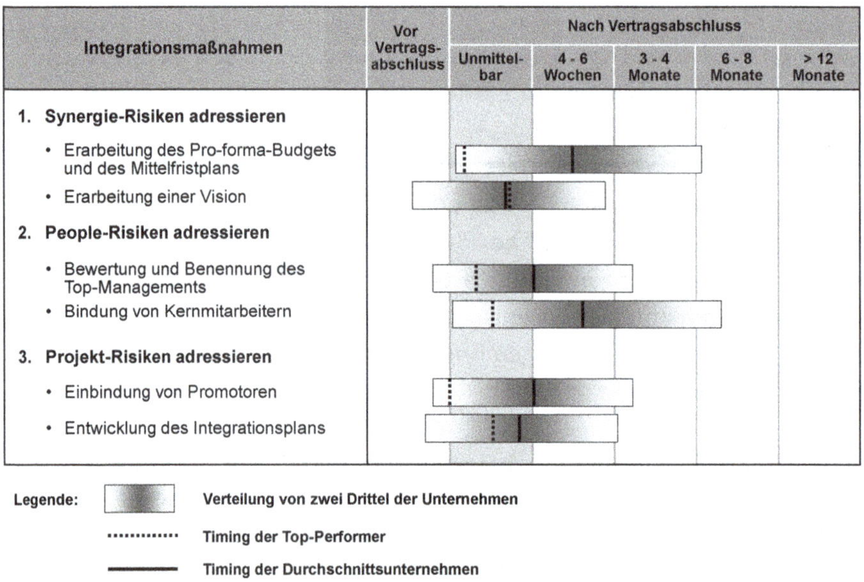

Abb. 39: Maßnahmen der ersten Stunde

Durch diese Maßnahmen stabilisieren Top-Performer aufgrund der gezielten Vorbereitung während der Due Diligence das Unternehmen. Sie lassen die Mitarbeiter deutlich weniger lang in einer Phase der Ungewissheit. Dabei geht die Entwicklung des neuen Pro-forma-Budgets Hand in Hand mit der Nominierung des neuen Top-Managements. Eine wichtige Voraussetzung dafür, dass auf Ebene des Top-Managements ein gemeinsames Verständnis und Commitment für die Zahlenbasis des neuen Unternehmens geschaffen wird. Die neue Führungsmannschaft muss erst einmal benannt sein, bevor Pro-forma-Kennzahlen nicht nur formuliert, sondern auch entsprechende Verantwortlichkeiten für deren Erreichung wirkungsvoll verteilt werden können.

Durchschnittsunternehmen verlieren bereits ganz zu Beginn der Integration deutlich mehr Zeit. Im Gegensatz zu Top-Performern verstreichen im Durchschnitt erst einmal vier bis sechs Wochen, bevor sie Maßnahmen zur personellen Verzahnung der Unternehmensspitze ergreifen. Die Möglichkeit, Risiken reduzierende Maßnahmen schon während der Due-Diligence-Phase vorzubereiten, wird vom Großteil der Unternehmen nicht genutzt. Entsprechend treibt in dieser Zeit nach dem Closing die Organisation gewissermaßen kopf- und führungslos umher. In einer Phase, in der beide Unternehmen ohnehin extrem verwundbar sind, fällt dann also auch noch regelmäßig die Führungsspitze aus und die Integration treibt dem Super-GAU entgegen.

Bemerkenswert auch: Durchschnittsunternehmen warten vier bis sechs Wochen bevor sie Maßnahmen zur Personalbindung ergreifen. Zu lange, um gute Mitarbeiter wirkungsvoll an das Unternehmen zu binden. Denn Headhunter und Wettbewerber gehen die Abwerbung der Top-Kräfte in der Regel schnell an. Bei Durchschnittsunternehmen liegen den Leistungsträgern deshalb vielfach bereits Konkurrenzangebote vor, bevor die Unternehmen selbst überhaupt an Bindungsmaßnahmen denken.

Durchschnittsunternehmen ergreifen auch Maßnahmen zur Adressierung von Projekt-Risiken erst deutlich später. Nicht selten handelt es sich hierbei noch um Nachwehen des Closing. Denn die Dynamik der Vertragsunterzeichnung lähmt Organisationen und die Wirren von Pressekonferenzen strahlen häufig in die Integrationsphase hinein. Top-Performer lassen sich vom Blitzlichtgewitter bei Vertragsunterzeichnung nicht irritieren und starten gut vorbereitet unmittelbar nach Closing mit der Umsetzung der Integration.

Top-Performer passen die Anreizsysteme frühzeitig mit Blick auf die Integrationsziele an

Während Top-Performer in aller Ruhe die nächsten Integrationsentscheidungen und Integrationsmaßnahmen angehen, bricht bei Durchschnittsunternehmen aufgrund des Spätstarts nach circa sechs Wochen hektische Betriebsamkeit aus. Top-Performer hingegen adressieren zu dieser Zeit systematisch Struktur-Risiken. Die frühzeitige Anpassung von Anreizsystemen spielt hierbei eine ganz wesentliche Rolle.

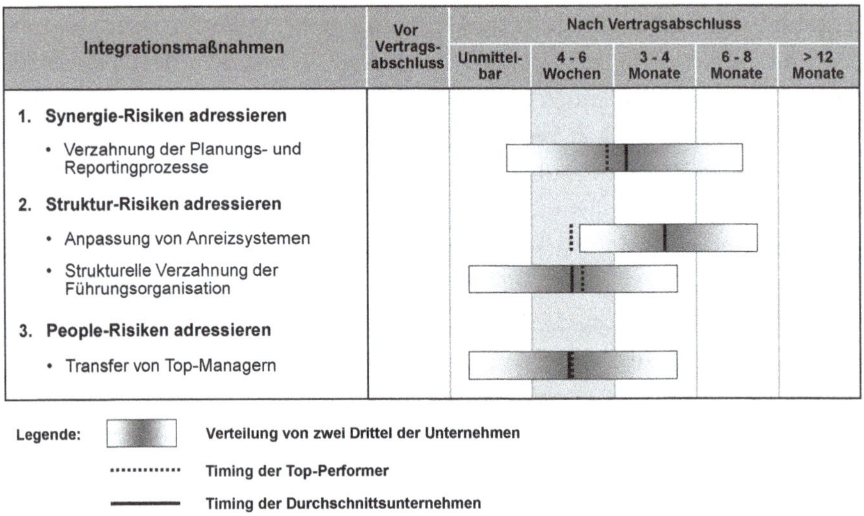

Abb. 40: Maßnahmen nach vier bis sechs Wochen

Sehr viel früher als der Durchschnitt passen Top-Performer die Anreizsysteme zielgerichtet an. Dadurch bieten sie ihren Mitarbeitern frühzeitig eine eindeutige Richtschnur, welches Verhalten belohnt und welches Verhalten im neuen Unternehmen nicht erwünscht ist. Damit schaffen Top-Performer frühzeitig transparente Spielregeln für alle Beteiligten.

Im Gegensatz zu Top-Performern weist der Durchschnitt hierbei einen geradezu eklatanten Zeitverzug auf. Das durchschnittliche Integrationsmanagement versäumt mit schöner Regelmäßigkeit nämlich, den Mitarbeitern bereits *in den ersten 100 Tagen* Anreize für die proaktive Unterstützung der Integration zu bieten. Organisatorische Widerstände gegen die Integration sind daher oftmals weniger naturgegeben als vielmehr durch mangelndes Integrationsmanagement hausgemacht. Da das Integrationsmanagement im Durchschnittsfall das Anreizsystem nur unzureichend an die Erfordernisse der Integration anpasst, sind die Mitarbeiter nur bedingt dazu bereit, ihre Fähigkeiten im Sinne der Integration einzusetzen. Durchschnittsunternehmen laufen damit Gefahr, dass die Integration trotz ausreichender Fähigkeiten und Kenntnisse am fehlenden Willen der Mitarbeiter scheitert.

Top-Performer schaffen personelle Voraussetzungen durch gezielte Mitarbeiterschulungen

Während Durchschnittsunternehmen nach circa drei bis vier Monaten auf breiter Front mit einer Vielzahl unterschiedlichster Integrationsthemen zu kämpfen haben, können sich Top-Performer aufgrund des Kickstarts vollends auf die operative Integration konzentrieren. Dies gilt sowohl für Struktur- als auch für Projekt-Risiken. Maßnahmen zur operativen Firmenintegration bilden bei Top-Performern den eindeutigen Schwerpunkt in den Monaten drei und vier nach Closing.

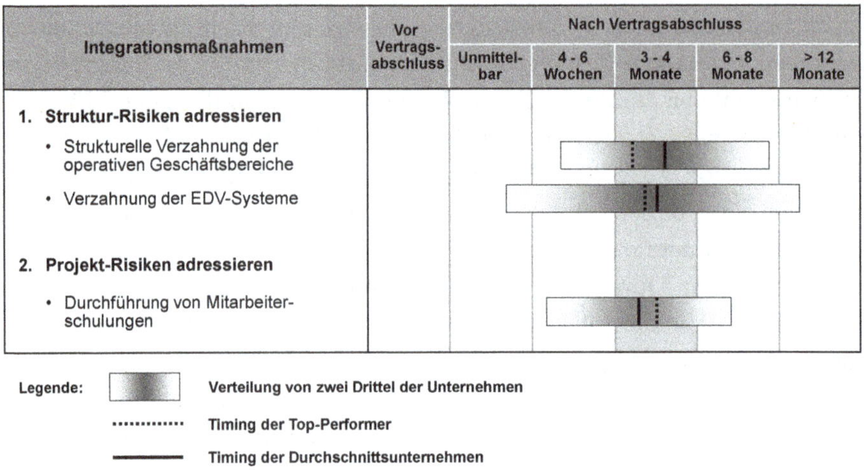

Abb. 41: Maßnahmen nach drei bis vier Monaten

Durch ein zeitliches Auseinanderziehen zerlegen Top-Performer die Komplexität der Integration in kleine Happen. Dadurch reduzieren sie Komplexität und machen die Integration für die Organisationen leichter verdaulich. Top-Performer schaffen es, die operative Integration in aller Ruhe, weit weg von der PR-trächtigen Hektik im Zusammenhang mit der Vertragsunterzeichnung, und mit dem nötigen langen Atem durchzuführen. Unnötige Irritationen der Organisationen werden so vermieden. Hierbei zählt systematisches und konsequentes, vielfach auch im Verborgenen wirkendes Projektmanagement mehr als publikumswirksame Hauruckaktionen.

Aufgrund des verschlafenen Starts können sich Durchschnittsunternehmen anders als Top-Performer nach drei bis Monaten nicht auf die Verzahnung des operativen Geschäfts konzentrieren. Aufgrund des Zeitverzugs müssen Durchschnittsunternehmen die Verzahnung der operativen Bereiche zeitlich parallel neben einer Vielzahl anderer kritischer Themenstellungen, wie zum Beispiel die Erarbeitung von Proforma Financials oder die Bindung von Kernmitarbeitern, bewerkstelligen. Durchschnittsunternehmen müssen in den Monaten drei und vier nach Closing in etwa doppelt so viele Maßnahmen auf den Weg bringen wie Top-Performer. Viele Unternehmen verzetteln sich hierbei und werden der schieren Komplexität einfach nicht mehr Herr. Das durchschnittliche Integrationsmanagement gerät dann oftmals unter Zugzwang; eine Situation, in der es nur noch reagieren und nicht mehr gestalten kann. Die Fülle notwendiger Ad-hoc-Entscheidungen macht ein proaktives und flexibles Integrationsmanagement dann nahezu unmöglich. Die vielzitierten ersten 100 Tage bilden damit – zumindest für Durchschnittsunternehmen – die weitaus kritischste Phase der gesamten Integration.

In den Monaten drei und vier nach dem Closing ist dann oftmals auch noch der Moment, in dem die schrittweise und mühevoll aufgebaute Begeisterung für die Integration oftmals die Puste ausgeht. Die Motivation der Mitarbeiter sowie die Bereitschaft zur proaktiven Unterstützung der Integration beginnen abzusinken. Da Durchschnittsunternehmen durch unzureichende Anreizsysteme hier vielfach nicht vorgesorgt haben, befindet sich die Motivation bei diesen Unternehmen nach drei bis vier Monaten oftmals im freien Fall.

Deutlich anders das Vorgehensmuster der Top-Performer. Durch den Kickstart werden zahlreiche PMI-Risiken bereits in den ersten drei Monaten in Angriff genommen. Dies gilt vor allem hinsichtlich der Bekämpfung von Struktur- und People-Risiken auf Ebene der Führungsorganisation. Top-Performer bringen die Verzahnung der Unternehmensspitze zunächst einmal vollständig auf den Weg, bevor sie mit der Verzahnung der operativen Bereiche beginnen. Diese Unternehmen wissen: Nur mit der tragfähigen Verzahnung der Führungsspitze ist ein ausreichendes Fundament für den Bau des neuen Hauses im Operativen gelegt. Ist das Fundament durch überhastete Entscheidungen unterhöhlt, droht es im Weiteren einzustürzen.

Hinzu kommt, dass Top-Performer zum Zeitpunkt der operativen Verzahnung auf eine weitestgehend ausgeruhte und relativ frische Organisation zurückgreifen können. Denn sie haben das Tempo nach der Verzahnung der Führungsorganisation merklich zurückgenommen. So können sich Top-Performer mit einer relativ ausgeruhten Organisation vollends auf die operative Verzahnung konzentrieren.

Top-Performer beweisen mehr Stehvermögen im zweiten Halbjahr

Im Gegensatz zum Durchschnitt weisen Top-Performer nach sechs bis acht Monaten einen weiteren Umsetzungsschwerpunkt auf. Während der Durchschnitt mit Erschöpfungszuständen zu kämpfen hat, beweisen Top-Performer mehr Standvermögen bei der Adressierung von People- und Struktur-Risiken und ergreifen hierzu auch im zweiten Halbjahr der Integration gezielt Maßnahmen.

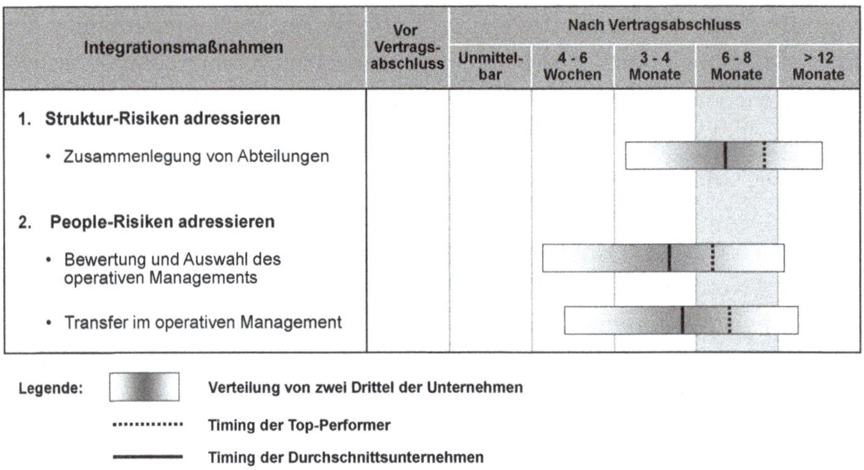

Abb. 42: Maßnahmen mit Schwerpunkt zweites Halbjahr

Top-Performer gehen bei der operativen Integration sowohl People- als auch Struktur-Risiken deutlich nach *den ersten 100 Tagen* an. Dies gilt nicht nur für Maßnahmen zur Bewertung und Auswahl des operativen Managements, sondern auch für Managementtransfers auf dieser Ebene. Hand in Hand mit diesen Maßnahmen adressieren Top-Performer Struktur-Risiken im Operativen durch das Zusammenlegen von Abteilungen. Durch diese Orchestrierung des Maßnahmeneinsatzes schaffen Top-Performer nicht nur die personellen, sondern auch die physischen Voraussetzungen für ein erfolgreiches Zusammenwachsen und für das Entstehen eines neuen Wir-Gefühls.

FAZIT: **Top-Performer unterscheiden sich auch beim zeitlichen Maßnahmeneinsatz deutlich vom Durchschnitt. Top-Performer bekämpfen sowohl Synergie- als auch People-Risiken deutlich früher und beweisen bei Risiken auf Ebene der operativen Integration mehr Stehvermögen.**

Teil IV:

Management-Summary

1 Post-Merger-Binsenweisheiten

Trotz der inzwischen mehr als einhundertjährigen Geschichte von Mergern und Akquisitionen scheitert nach wie vor mehr als die Hälfte der Führungskräfte an der Post Merger Integration. Einer der wesentlichen Gründe dafür ist, dass Führungskräfte oftmals kein klares Bild von den Faktoren haben, die für eine erfolgreiche Post Merger Integration wichtig sind. Oftmals folgen sie blind falschen Post-Merger-Binsenweisheiten:

- **Situative Rahmenbedingungen entscheiden über Erfolg bzw. Misserfolg – Falsch!**
  Der Einfluss situativer Rahmengrößen – wie Unternehmensgröße oder nationale Herkunft – auf den Integrationserfolg ist deutlich geringer als allgemein vermutet. Wie unsere Untersuchungen belegen sind zum Beispiel die Erfolgsaussichten von internationalen Firmenintegrationen entgegen der landläufigen Meinung nicht per se schlechter. Widrige Rahmenbedingungen können im Falle einer fehlgeschlagenen Integration also nur bedingt herangezogen werden und sollten nicht über die Fehler im Management hinwegtäuschen.

- **Je schneller, desto besser – Falsch!**
  Die Ergebnisse sind eindeutig: Eine zu hohe Integrationsgeschwindigkeit gefährdet den Erfolg nachhaltig. Dabei ist die Überforderung und Demotivation von Mitarbeitern nur die eine Seite der Medaille. Denn wer mit überhöhter Geschwindigkeit integriert, läuft auch Gefahr, dass notwendige Arbeitsschritte nur ansatzweise bzw. gar nicht durchgeführt werden. Das Risiko von Fehlentscheidungen nimmt zu. Dabei können die möglichen Vorteile einer hohen Integrationsgeschwindigkeit, wie z. B. die Verringerung von Unsicherheiten auf Seiten der Mitarbeiter, dies Nachteile nicht wettmachen.

- **Mitarbeiterwiderstände bilden die größte Integrationsbarriere – Falsch!**
  Es ist eine beliebte und einfache Ausrede: Unzureichendes Wollen der Mitarbeiter stelle die größte Integrationsbarriere dar. Das mag in vielen Fällen zutreffen. Dennoch ist der Einfluss auf den Erfolg der Post Merger Integration lange nicht so kritisch wie mangelndes Können. Das Integrationsmanagement muss in Zeit und Anstrengungen investieren, damit die Mitarbeiter die geplanten Veränderungen nicht nur wollen, sondern sie auch umsetzen können.

- **Weiche Maßnahmen sind wichtiger als harte Maßnahmen – Falsch!**
  Wer mit Fusionen und Akquisitionen erfolgreich sein will, darf sich nicht nur auf weiche Maßnahmen beschränken. So beherrschen erfolgreiche Integrationsmanager die komplette Klaviatur weicher und harter Integrationsfaktoren. Integrationsmanager müssen sich vor allem auch um die Verzahnung des operativen Geschäfts kümmern. Dazu zählen insbesondere auch die *harte* Verzahnung von Geschäftsprozessen und EDV-Systemen.

2 Post-Merger-Risiken

Nicht nur das blinde Vertrauen auf vermeintliche Erfolgsrezepte ist einer der Hauptgründe für die unverändert hohe Misserfolgsquote bei M&A-Integrationen. Auch die Tatsache, dass die in vielen Unternehmen etablierten Due-Diligence-Prüfungen wesentliche Post-Merger-Risiken außer Acht lassen, ist mitverantwortlich für das oftmalige Scheitern von Firmenintegrationen. Unsere Untersuchung belegen, dass Firmenintegrationen durch Risiken in den Bereichen Synergie, Struktur, People und Projekte gefährdet werden.

- **Synergie-Risiken** sind Gefahrenquellen, die ihren Ursprung in der mangelhaften Planung der Synergieumsetzung haben. So versuchen 62 Prozent der Unternehmen die geplanten Synergien mit einem unvollständigen Umsetzungskonzept zu implementieren.

- **Struktur-Risiken** bilden Stolpersteine ab, die sich aus dem Nicht-Zusammenpassen von organisatorischen Strukturen und Abläufen ergeben. So passen bei rund jeder fünften Integration Aufbau- und Führungsorganisationen nicht zusammen.

- **People-Risiken** erfassen solche Faktoren, die sich in personellen Widerständen gegen die Integration äußern. So wird zum Beispiel jede dritte Firmenehe durch hohe Widerstände auf Ebene der Geschäftsführungen blockiert.

- **Projekt-Risiken** umfassen Hindernisse bei der projektseitigen Umsetzung der Firmenintegration. So versucht jedes dritte Unternehmen eine Post Merger Integration durchzuführen, ohne über ausreichende Personalkapazitäten zu verfügen.

95 Prozent der Manager betrachten die Post Merger Integration als die größte Herausforderung bei Unternehmenskäufen. Dennoch unternimmt das Management vielfach noch immer unzureichende Anstrengungen, um PMI-Risiken bereits in der Due Diligence zu identifizieren.

Der Due Diligence Tool-Mix, den viele M&A-Abteilungen über die vergangenen Jahre als Standard eingeführt haben, ist bei Akquisitionen *ohne* nachfolgende Integration ausreichend:

- Bei 94 Prozent der Deals wird eine Financial Due Diligence durchgeführt,
- 86 Prozent der Deals werden darüber hinaus noch im Rahmen einer Legal Due Diligence geprüft
- und schließlich wird bei 72 Prozent noch eine Tax Due Diligence durchgeführt.

Bei Akquisitionen *mit* anschließender Post Merger Integration reicht das Due-Diligence-Standardvorgehen allerdings nicht aus, da die PMI-Risiken deutlich über die Themenfelder Finanzen, Steuern und Recht hinausgehen. Die PMI-Risiken in den Bereichen Synergie, Struktur, People und Projekt müssen durch eine zusätzliche Merger Due Diligence geprüft werden, wozu es einer stärkeren Einbeziehung des operativen Managements bedarf.

3 Best Practices

Ungeachtet der im Durchschnitt hohen Misserfolgsquote von Integrationen schaffen es Spitzenunternehmen durch Integration Excellence, bis zu 90 Prozent mehr Synergien herauszuholen. Der Maßnahmeneinsatz dieser Top-Performer unterscheidet sich dabei sowohl inhaltlich als auch zeitlich vom Durchschnitt:

1. Best Practices: Synergie-Risiken

Bei der Adressierung der Synergie-Risiken gehen Top-Performer deutlich über die Formulierung einer Unternehmensvision hinaus. Die Entwicklung von Pro-forma-Finanzen wird mit 47 Prozent höherer Intensität verfolgt; die Einführung entsprechender Kennzahlen- und Berichtssysteme liegt 56 Prozent über dem Durchschnitt. Beide Maßnahmen schaffen die Voraussetzung dafür, dass Synergieziele systematisch artikuliert und der Grad der Zielerreichung umfassend kontrolliert werden können.

2. Best Practices: Struktur-Risiken

Zur Bekämpfung von Struktur-Risiken machen Spitzenunternehmen mehr, als alleine Organigrammen zusammenschieben. Spitzenunternehmen begleiten das operative Management während der Integration des Tagesgeschäfts kontinuierlich. Die operative Integration wird von Top-Performern als definierter Prozess geleitet. Dies ermöglicht eine systematische und leistungsstarke Verzahnung der Unternehmensstrukturen und -prozesse im Tagesgeschäft. Top-Performer liegen hierbei mit 42 Prozent deutlich über dem Durchschnitt. Ferner belohnen Top-Performer – mit einem Wert von 81 Prozent – weit überdurchschnittlich integrationskonformes Verhalten und stellen so sicher, dass Mitarbeiter nicht nur über die erforderlichen Fähigkeiten verfügen, sondern diese auch tatsächlich im Sinne der neuen Unternehmensziele einsetzen.

3. Best Practices: People-Risiken

Bei der Adressierung von People-Risiken gehen Top-Performer deutlich über die Nominierung des neuen Top-Managements hinaus. Neben der reinen Nominierung transferieren Spitzenunternehmen ausgewählte Führungskräfte über die alten Unternehmensgrenzen hinweg. Der 60 Prozent stärkere Maßnahmeneinsatz ermöglicht so eine wechselseitige personelle Zusammenführung auf Leitungs- und Fachebene. Gerade im Zusammenhang mit People-Risiken belassen es Top-Performer nicht bei Lippenbekenntnissen. Stattdessen setzen sie sich weit überdurchschnittlich für eine nachhaltige Bindung von Leistungsträgern ein.

4. Best Practices: Projekt-Risiken

Für einen wirksamen Angang von Projekt-Risiken setzen Spitzenunternehmen mehr auf Personen als auf Pläne. Das Integrationsprojekt wird anhand eines groben Rahmens hinreichend aber eben nicht bis ins letzte Detail geplant. Die Aufmerksamkeit wird zu Beginn des Projekts darauf verwendet, die richtigen Leute an Bord zu holen. Die personelle Besetzung der Projektorganisationsgremien erfolgt auf Grundlage eines spezifischen Auswahlprozesses. Top-Performer setzen dabei auf die umfassende Einbindung von Promotoren. Dabei liegt der Einsatz solcher Promotoren mit 48 Prozent deutlich über dem Durchschnitt. Ferner machen Top-Performer Mitarbeiter fit für die Integration. Dies gilt sowohl für integrationsspezifische Aufgabenstellungen als auch für die Bewältigung neuer Anforderungen im operativen Tagesgeschäft. Spitzenunternehmen setzen solche Schulungsmaßnahmen mit mehr als doppelt so hoher Intensität ein (115 Prozent).

5. Integration Masterplan

Der zeitliche Unterschied zwischen Top-Performern einerseits und weniger erfolgreichen M&A-Integratoren auf der anderen Seite lässt sich vereinfacht wie folgt zusammenfassen: Top-Performer verlieren am Anfang keine Zeit und beweisen gegen Ende besseres Stehvermögen. Top-Performer folgen beim Integrationsmanagement einer langgezogenen doppelten S-Kurve. Nach einem Kickstart lassen sie ihrer Organisation erst einmal Zeit, bevor sie die zweite Welle in Angriff nehmen. Die Maßnahmen der zweiten Welle gehen dann deutlich über die ersten 100 Tage hinaus. Top-Performer unterstützen ihre Organisation durch proaktives Integrationsmanagement, das weit über die ersten drei bis vier Monate hinausgeht.

Durch eine Verteilung der Aufgaben entlang eines im Vergleich zum Durchschnitt längeren Zeitstrahls schaffen es Top-Performer, die Arbeitsbelastung auszubalancieren und so gering wie möglich zu halten. Durch das schrittweise Vorgehen in Wellen wird letztlich auch die Komplexität für das Projektmanagement auf ein beherrschbares Maß heruntergebrochen.

Bereits in den ersten beiden Wochen gehen Top-Performer deutlich anders mit PMI-Risiken um als der Durchschnitt. Bereits zu Beginn adressieren Top-Performer nicht nur Projekt-Risiken sondern auch Synergie- und People-Risiken. Kern der zusätzlichen Maßnahmen ist neben der Erarbeitung von Pro-forma-Finanzzahlen vor allem die Bindung von Kernmitarbeitern und die Benennung des neuen Top-Managements. Bereits in den ersten vier bis sechs Wochen führen Top-Performer Maßnahmen zur Adressierung von Struktur-Risiken durch. Die Anpassung der Anreizsysteme spielt hierbei eine zentrale Rolle. Anders als der Durchschnitt lassen sich Top-Performer bei der Adressierung von People- und Struktur-Risiken im Operativen Zeit und nutzen das zweite Halbjahr der Integration dazu, um das Zusammenwachsen des operativen Tagesgeschäfts durch eine systematische personelle und physische Verzahnung von Abteilungen zu unterstützen.

Fallbeispiel: Gesellschaft für Post Merger Integration e.V.

Vom Masterplan zur erfolgreichen Integration

Die Gesellschaft für Post Merger Integration e.V. wurde 2013 als eine unabhängige Einrichtung gegründet und befasst sich mit dem Gebiet Post Merger Integration und angrenzender Themengebiete. Ziel ist es, das Wissen um Post Merger Integration und dessen Anwendung in der Praxis zu fördern und zu verbessern.

Gesprächspartner Dr. Ralf Held hat eine Vielzahl von Akquisitionen als Integrationsmanager begleitet, unter anderem bei dem Energiekonzern E.ON SE und der Mediengruppe Pressedruck in Augsburg. Seine Erfahrungen gibt der Jurist als Vorstandsvorsitzender der Gesellschaft für Post Merger Integration e.V. und als Associate Professor an der European New University Kerkrade weiter.

Was ist der Wert eines Masterplans für die Integrationsarbeit?

Integrationsarbeit ist eine komplexe Angelegenheit und berührt in aller Regel eine Vielzahl unterschiedlicher Unternehmensbereiche. Ein ganzheitlicher Masterplan hilft dabei, die bestehende Komplexität der Aufgabe zunächst zu erfassen und dann auf eine bedarfsgerechte Planung sinnvoll zu reduzieren. Der große Vorteil: Alle Beteiligten können mit diesem Schritt schnell auf den gleichen Informations- und Arbeitsstand gebracht werden.

Der Aufwand, der für die Ausarbeitung eines Masterplans erbracht werden muss, rechnet sich sehr schnell. So können die einmal definierten Integrationsziele von den Verantwortlichen nicht nur zügig, sondern auch in eigener Regie umgesetzt werden. Auf diese Weise kann jeder zu integrierende Unternehmensteil schnell und ohne große Reibungsverluste mit den Geschäftsabläufen synchronisiert und in eine bestehende Organisation eingebunden werden.

Ein entscheidender Erfolgsfaktor ist dabei, dass ein Masterplan auf den Erfahrungen und dem Know-how der verantwortlichen Anwender aufbaut und die Möglichkeit besteht, sich im Verlauf des Prozesses weiter zu entwickeln. Ein Masterplan ist als lebendes Dokument zu verstehen und soll eine Entwicklung in diesem Sinne fördern. Andernfalls besteht das Risiko, dass er nicht als selbsterklärender Rahmen fungiert, sondern als einengendes Korsett abgelehnt wird.

Zu welchem Zeitpunkt sollte ein Masterplan erstellt sein?

Hier gilt die Erkenntnis, dass es dafür nie zu spät ist. Oder anders formuliert: Ein Masterplan, der zu früh und unter falschen Voraussetzungen fehlerhaft aufgestellt wird, kann in einem Integrationsprozess viel mehr Schaden anrichten als ein bewusst in Kauf genommenes Business as Usual. Im Idealfall aber existiert ein ausgearbeiteter Masterplan bereits zum Tag des Closing einer Transaktion, so dass das M&A-Team den weiteren Prozess nahtlos an das Integrationsteam delegieren kann. Das setzt voraus, dass allen Beteiligten vor Closing sämtliche relevanten Informationen für die Integration bekannt sind. Davon kann im Normalfall nicht ausgegangen werden. Denn Integration ist vor allem auch ein emotionales Thema und das oftmals dahinter stehende kulturelle Selbstverständnis eines Unternehmens lässt sich sowohl aus der Distanz als auch im Vorfeld nur schwer greifen. Das wiederum bedeutet, dass sich ein Masterplan von einem zunächst groben Überblick zu einer detaillierten Guideline entwickeln muss.

Unternehmen mit viel Transaktionsexpertise sind dabei im klaren Vorteil. Sie sind in der Lage, Erfahrungen organisationsübergreifend zu nutzen und können so frühzeitig „Master"-Lösungen für zu erwartende Problemsituationen formulieren. Solche ganzheitlichen Lösungsansätze sind häufig in standardisierter Form in einem Integrationskonzept zu finden, ähnlich einem Projekthandbuch. Unternehmen dagegen, die nicht über diese Erfahrungswerte verfügen, müssen sich der Anfälligkeit ihres Masterplans für Fehler bewusst sein und gegebenenfalls entsprechend gestaltend intervenieren. Dabei kann es durchaus hilfreich sein, ungelöste Themen temporär auszuklammern. Ein Schritt, der aber ganz klar kommuniziert werden muss.

Damit leiten Sie zu einer wesentlichen Frage über. Welchen Regelungsbedarf kann ein Masterplan abdecken?

Jeder Masterplan braucht zunächst eine Legitimation. Damit steht am Anfang eines Integrationsprozesses eine verständliche Integrationsstrategie. Mit „verständlich" ist unter anderem ein möglichst messbares und von den Beteiligten erwartbares Ziel gemeint. Das kann sowohl eine kaufmännische Größe betreffen als auch ein sichtbares Implementierungsergebnis wie ein Geschäftsprozess oder eine IT-Landschaft sein. Damit kommen wir zu einer der Ausgangsfragen zurück, wer nämlich genau die Strategie festlegt und wie sie fixiert werden kann. Beides fällt in den Kompetenzbereich des Top-Managements und muss von dort aus deutlich und direkt kommuniziert werden. Lücken an dieser Stelle lassen sich zu einem späteren Zeitpunkt nur noch schwer schließen.

Darüber hinaus habe ich drei relevante Handlungsfelder für eine Integration identifiziert, die sich wiederum in einzelne zeitliche Phasen unterteilen lassen. Ziel der ersten Phase ist es, unmittelbar nach der Übernahme der Verantwortung für ein neues Unternehmen, also direkt nach dem Closing, das Tagesgeschäft abzusichern und somit den Führungsanspruch faktisch umzusetzen. Darüber hinaus sollte das Augenmerk ganz klar auf die Erkennung von Risiken und die Einleitung entsprechender Maßnahmen gerichtet sein. Wichtig ist in diesem Kontext ebenfalls die erste Neuausrichtung der internen und externen Kommunikation. In der zweiten Phase steht dann die Analyse und Bewertung des Geschäftsbetriebs des neuen Unternehmens im Mittelpunkt. Aus den daraus gewonnenen Erkenntnissen ist ein bedarfsgerechtes Integrationskonzept mit teilspezifischen Zielen abzuleiten. Der erste detaillierte Masterplan kann zu diesem Zeitpunkt bereits verabschiedet werden. Anschließend erfolgt in Phase drei seine Implementierung.

In der ersten Phase, konkret heißt das innerhalb der ersten zwei Wochen, kann das Integrationsteam wegen der operativen Natur seiner Aufgaben auch die Leitung in der neuen Organisation übernehmen. Danach hat es nur noch eine unterstützende Funktion. Das Integrationsteam wird dann zum Projektteam und kann sich in Abhängigkeit des weiteren Projektverlaufes gegebenenfalls nach ein bis zwei Jahren wieder auflösen. Bei allen Mergern sollte überlegt werden, Mitarbeiter des neuen Unternehmens in die Arbeit des Projektteams einzubinden. Ein solcher Schritt erhöht in aller Regel die Akzeptanz aller Maßnahmen und beschleunigt ihre Umsetzung.

Auf welche inhaltlichen Schwerpunkte sollte ein Masterplan Wert legen?

Prozessintegration, operative Optimierung und kulturelle Integration. Das sind die wesentlichen Arbeitsfelder eines ganzheitlichen Integrations-Masterplans. Primär geht es darum, die relevanten Unternehmensrichtlinien formal einzuführen sowie Geschäftsprozesse gegebenenfalls auszuweiten oder anzupassen. Alle weiteren Maßnahmen im neuen Unternehmen dienen allein der Stabilisierung des operativen Betriebs sowie der Identifizierung und Steigerung von Synergieeffekten. In der Regel wird damit das eigentliche Integrationsziel erfüllt, nämlich die Verbesserung des Gruppenergebnisses nach der erfolgten Transaktion. Last but not least gilt es, die kulturelle Integration als Herausforderung anzunehmen. Führungsmannschaft und Mitarbeiter müssen motiviert werden, vertrauensvoll zusammenzuarbeiten. Nur so lässt sich der Erfolgsfaktor Human Resources fördern.

Was braucht es, um die einmal definierten Integrationsziele auch umzusetzen?

Grundvoraussetzungen dafür sind ein gutes Projektmanagement und Projektcontrolling, das über ausreichend personelle Ressourcen verfügt. Die Gesamtverantwortung sollte beim Top-Management angesiedelt sein. Beim Integrationsteam liegt hingegen die Umsetzung.

Das Integrationsteam stellt zunächst den Masterplan sicher, kommuniziert dessen Inhalt und achtet auf die Einhaltung der beschlossenen und definierten Maßnahmen. Darüber hinaus unterstützt es die Entwicklung sowie den Aufbau der Projektstrukturen und ist auch permanent vor Ort. Bei Bedarf stellt ein solches Team auch alle notwendigen Projekttools zur Verfügung.

Idealerweise verfügt es neben fachspezifischem Know-how auch über juristisches und steuerliches Wissen in Sachen Organisations- und Personalveränderungen und der Einführung von neuen Richtlinien.

Wie kann ein Integrationsteam den Erfolg eines Masterplans messen?

Das Integrationsteam definiert zunächst die für jedes Projekt ganz spezifischen Integrationsziele. Dabei können einzelne Aspekte wie Strategie, Geschäftsentwicklung oder Synergien, Performance sowie Operating Model und Unternehmenskultur im Mittelpunkt stehen. Es kann also nicht nur die Rolle eines Koordinators für die Integrationsziele übernehmen, sondern darüber hinaus sich auch für die Ableitung aller entsprechenden Performanceziele zuständig fühlen. Damit kommen wir auf die Ausgangsfrage zurück, wie sich die erzielten Ergebnisse messen lassen und damit auch der Erfolg einer Integration zeigt.

Die meisten Ziele lassen sich ganz konkret über operative Performance-Indikatoren bewerten, die unmittelbar mit der jeweiligen Finanzplanung und die persönlichen Vorgaben des Managements verknüpft sind. Mitarbeiterrelevante Herausforderungen dagegen können durch Feedback-Schleifen mit den Betroffenen sowie durch Mitarbeiterbefragungen erfasst werden.

Voraussetzung dafür, dass dieses System die Implementierung der Masterplanziele unterstützt, ist seine Bekanntheit und Transparenz innerhalb der Organisation. Anders ausgedrückt: Jeder Beteiligte sollte seine Zielvorgabe von Anfang an genau kennen und darauf vertrauen können, dass der Masterplan sämtliche Ziele sinnvoll verknüpft.

Wie werden Entscheidungen im Integrationsteam getroffen und wie weit können die Kompetenzen gehen?

Die Steuerung der Integration, die Entscheidungskompetenz sowie die Abnahme der Ergebnisse sollten allein im Kompetenzbereich des Top-Managements liegen. Die Verantwortlichen können dabei in der Projektorganisation ein Steering Committee besetzen. Bezieht man den CEO des hinzuerworbenen Unternehmens in das Committee mit ein, wird die neue Einheit von Anfang an in die operative Verantwortung für die Integration mit aufgenommen. Das Integrationsteam selbst ist vor Ort für die Koordination des Projektes unter Einbeziehung aller fachlichen und funktionalen Ressorts zuständig und führt die Entscheidungen aus. Mit fortschreitendem Projektverlauf soll die Verantwortung und Bearbeitung sukzessive an die operativ zuständige Einheit übergehen.

Ein Projektcontrolling kann über mehrere Stufen erfolgen: Zum einen überprüft das Steering Committee, ob die übergeordneten Integrationsziele auch erreicht wurden. Das Integrationsteam übernimmt dagegen das Monitoring, inwieweit die operativen Vorgaben erfüllt wurden. Ferner ist ein Konzerncontrolling dafür zuständig, im Rahmen des gewöhnlichen Geschäftsverlaufs die Umsetzung der Akquisitions- und Planungsziele genau zu evaluieren. Am Ende einer Integration kann eine Abschlussprüfung durch das Corporate Audit erfolgen.

Haben Sie noch einen besonderen Tipp für einen Integrations-Masterplan?

Jeder Masterplan ist nur so gut, wie er von seinen Nutzern verstanden und gelebt wird. Das ist vor allem eine Sache von Erfahrung und Wissen innerhalb der Organisation. Erfolgreiche Unternehmen schließen daher ihre Integrations- oder Veränderungsprozesse stets mit einer systematischen Erfassung der „Lessons Learned" ab. Dabei hat es sich bewährt, die Suche viel stärker auf die Erfolgsfaktoren und weniger auf die Fehler zu konzentrieren. Der Grund dafür liegt auf der Hand. Die Anzahl möglicher Fehler sind in einem Integrationsprozess kaum überschaubar. Die Kunst besteht aber darin, nicht nur Fehler zu vermeiden, sondern eine Organisation für die wenigen erfolgreichen Strategien zu sensibilisieren.

Literatur zum Thema

Bachmann, H., Hofmann, E., Stölzle, W., Post Merger Integration in der Logistik – Zusammenschlüsse von Dienstleistern erfolgreich gestalten, Hamburg 2008.

Balz, U., Arlinghaus, O. (Hrsg.), Praxisbuch Mergers & Acquisitions – Von der strategischen Überlegung zur erfolgreichen Integration, 2. Auflage, Landsberg am Lech 2007.

Berens, W., Brauner, H. U., Strauch, J. (Hrsg.), Due Diligence bei Unternehmensakquisitionen, 7. Auflage, Stuttgart 2013.

Borgstädt, M., Teaming in der Post Merger Integration - Die Bedeutung der persönlichen Eigenschaften der Teammitglieder, Hamburg 2012.

Clever, H., Post Merger Management, Stuttgart 1993.

Dabui, M., Postmerger-Management – Zielgerichtete Integration bei Akquisitionen und Fusionen, Wiesbaden 1998.

Epstein, M. J., The Drivers of Success in Post-Merger Integration, in: Organizational Dynamics 33 (2004) S. 174 - 189.

Furtner, S., Management von Unternehmensakquisitionen im Mittelstand – Erfolgsfaktor Post-Merger-Integration, 2. Auflage, Wien 2011.

Gerds, J., Post-Merger-Integration: Schneller und Besser, was machen die Erfolgreichen anders?, in: Finance (2003), Juni, S. 25 ff.

Gerds, J., Fünf Stufen des Fusionsmanagements, Jahrbuch Mergers & Acquisitions 2003, FAZ Institut.

Gerds, J., Kett, I., Studie über Schwierigkeiten bei Post-Merger-Integration, in: Elektrizitätswirtschaft 100 (2001), S. 216 ff.

Gerpott, T., Abschied von der Spitze – Eine empirische Studie zur Höhe und zu den Determinanten der Ausscheidungsquote von Top Managern akquirierter deutscher Unternehmen, in: Zeitschrift für Betriebswirtschaftliche Forschung 46 (1994) S. 4 - 31.

Grube, R., Töpfer, A., Post-Merger-Integration – Erfolgsfaktoren für das Zusammenwachsen von Unternehmen, Stuttgart 2002.

Habeck, M.H., Kröger, F., Träm, M., Wi(e)der das Fusionsfieber – Die sieben Schlüsselfaktoren erfolgreicher Fusionen, 2. Auflage, Wiesbaden 2002.

Henckel v. Donnersmarck, M., Schatz, R., Fusionen, 4. Auflage, Bonn 2001.

Homburg, C., Bucerius, M., A Marketing Perspective on Mergers and Acquisitions: How Marketing Integration Affects Postmerger Performance, in: Journal of Marketing 69 (2005), S. 95 - 113.

Jansen, S. A., Management von Unternehmenszusammenschlüssen – Theorien, Thesen, Tests und Tools, Stuttgart 2004.

Jansen, S. A., Picot, G., Schiereck, D. (Hrsg.), Internationales Fusionsmanagement, Stuttgart 2001.

Keuper, F., Häfner, M., von Glahn, C. (Hrsg.), Der M&A-Prozess – Konzepte, Ansätze und Strategien für die Pre- und Post-Phase, Wiesbaden 2006.

Lohre, S., Die Gestaltung zentraler Post-Merger-Integrationsprozesse: Eine anwendungsorientierte Konzeption eines prozessorientierten Vorgehensreferenzmodells, Hamburg 2010.

Lucks, K., Meckl, R., Internationale Mergers & Acquisitions, Berlin et al. 2002.

Mathea, M., Prüfung der Post-Merger-Integration auf Basis internationaler Prüfungsnormen, Düsseldorf 2008.

Penzel, H.-G., Klare Strategie und Zielausrichtung – Erfolgsfaktoren für das Post Merger-Management in Banken, in: zeitschrift führung + organisation, 69. Jg. (2000), S. 18 – 36.

Penzel, H.-G., Pietig, Ch. (Hrsg.), Merger Guide – Handbuch für die Integration von Banken, Wiesbaden 2000.

Picot, G. (Hrsg.), Handbuch Mergers & Acquisitions – Planung, Durchführung, Integration, 5. Auflage, Stuttgart 2012.

Picot, G., Unternehmenskauf und Restrukturierung, 3. Auflage, München 2004.

Rentrop, C., Informationsmanagement in der Post-Merger-Integration, Berlin 2004.

Roehder, F., Personalintegration in der Post Merger Integration – Eine empirische Untersuchung zur synergieorientierten Integration von Personalressourcen der unteren Hierarchieebenen, Hamburg 2013.

Schewe, G., Becker, S., Hlouschek, E., Die Berücksichtigung von Post-Merger-Risiken im M&A-Prozess, Arbeitspapiere des Lehrstuhls für Betriebswirtschaftslehre, insb. Organisation, Personal und Innovation, Nr. 61, Münster 2009.

Schewe, G., Brast, C., Köster, D., Die organisatorische Umsetzung der Post Merger Integration: Der Fall Gerling NCM, Arbeitspapiere des Lehrstuhls für Betriebswirtschaftslehre, insb. Organisation, Personal und Innovation, Nr. 32, Münster 2005.

Schewe, G., Brast, C., Steens, B., Post Merger Integration: Der Fall Preussag – Hapag, Arbeitspapiere des Lehrstuhls für Betriebswirtschaftslehre, insb. Organisation, Personal und Innovation, Nr. 12, Münster 2000.

Schewe, G., Kleist, S., Drave, P., Post Merger Integration: Der Fall BMW – Rover, Arbeitspapiere des Lehrstuhls für Betriebswirtschaftslehre, insb. Organisation, Personal und Innovation, Nr. 11, Münster 2000.

Schewe, G., Schaecke, M., Münstermann, M., Post Merger Integration: Der Fall Bayerische Vereinsbank – Bayerische Hypotheken- und Wechselbank, Arbeitspapiere des Lehrstuhls für Betriebswirtschaftslehre, insb. Organisation, Personal und Innovation, Nr. 13, Münster 2000.

Schewe, G., Schaecke, M., Volmer, M., Post Merger Integration: Der Fall Bertelsmann – Random House, Arbeitspapiere des Lehrstuhls für Betriebswirtschaftslehre, insb. Organisation, Personal und Innovation, Nr. 14, Münster 2000.

Schwarz, C., Erfolgsfaktoren im Post-Merger-Management – Zielorientierte Unternehmensintegration nach M&A mittels Integrationsscorecard, Stuttgart et al. 2004.

Schwenker, B./Moje, H., Post Merger Integration, Hamburg 2000.

Strohmer, S., Integration nach Merger and Acquisition, Wiesbaden 2001.

Viscio, A. J./Harbison, J. R./Asin, A./Vitaro, R.P., Post Merger Integration – What makes mergers work?, in: Strategy & Business, 1999, Issue 17, Reprint No. 99404.

Wirtz, B., Mergers & Acquisitions Management: Strategie und Organisation von Unternehmenszusammenschlüssen, 2. Auflage, Wiesbaden 2012.

Die Autoren

Dr. Johannes Gerds ist anerkannter Fusions-Experte und hat in seiner fast 20-jährigen Berufstätigkeit zahlreiche namhafte Firmen bei der Post Merger Integration unterstützt. Bevor er die Gesellschaft für Innovative Unternehmensführung gegründet hat war Herr Dr. Gerds Partner bei Deloitte, wo er den Bereich Post Merger Integration verantwortlich geleitet hat. Neben seiner Beratungstätigkeit ist Herr Dr. Gerds Autor zahlreicher Publikationen, für die er mehrfach international ausgezeichnet wurde. Zusätzlich zu seiner Berufstätigkeit hat Herr Dr. Gerds den Arbeitskreis Post Merger Integration ins Leben gerufen, der Unternehmensvertretern eine branchenübergreifende Plattform für den Erfahrungsaustausch zu den Themenfeldern Unternehmenserwerb und Firmenintegration bietet. Herr Dr. Gerds hat einen M&A-Lehrauftrag an der Universität Münster.

Korrespondenzanschrift: Dr. Johannes Gerds, InnoCorp. GmbH, Kaiser-Wilhelm-Ring 39, 40545 Düsseldorf, Germany, Telefon: + 49-211-46865410, E-Mail: j.gerds@innocorp.de

Prof. Dr. Gerhard Schewe ist seit 1998 Universitätsprofessor für Betriebswirtschaftslehre, insbesondere Organisation, Personal und Innovation an der Westfälischen Wilhelms-Universität zu Münster. Er ist Autor einer Vielzahl von Büchern und Aufsätzen in in- und ausländischen Fachzeitschriften. Die Schwerpunkte seiner Forschung konzentrieren sich auf drei Gebiete: Technologie- und Innovationsmanagement, Organisation und Strategisches Management, Post-Merger-Integrationsmanagement. Neben der Durchführung gemeinsamer Forschungsprojekte mit Unternehmen der verarbeitenden Industrie und dem Dienstleistungssektor ist Prof. Schewe als Gutachter für namhafte deutsche Unternehmen tätig.

Korrespondenzanschrift: Prof. Dr. Gerhard Schewe, Lehrstuhl für BWL, insb. Organisation, Personal & Innovation, Universität Münster, Universitätsstraße 14 - 16, 48143 Münster, E-Mail: orga@wiwi.uni-muenster.de